開拓社
最新 英語学・言語学シリーズ 3

監修 加賀信広・西岡宣明・野村益寛
岡崎正男・岡田禎之・田中智之

文の構造と格付与

加賀信広・岸本秀樹 [著]

開拓社

「最新英語学・言語学シリーズ」の刊行にあたって

　20世紀後半の言語学研究を振り返ってみると，大きな流れとして，チョムスキー革命による生成文法理論の登場と，その対極に位置づけられる認知言語学の台頭が挙げられる．前者は普遍文法の解明を目標に掲げ，言語の形式的な側面を自然科学的手法で明らかにしていくのを特徴とするのに対して，後者は生成文法の抽象化，形式化の傾向に反対し，言語は人間の知覚や身体経験に根差したものであるとするテーゼの下，主に言語の意味的側面の解明に注力してきた．この2大潮流は21世紀に入っても基本的に変わることなく，生成統語論はミニマリスト・プログラムを深く追究することで「進化的妥当性」の問題にまで踏み込みうる新たな段階を迎え，一方，認知言語学は機能論や語用論を包み込んで，構文・談話・テキスト等の実証的な分析を拡大深化させてきている．

　さらに，言語研究は様々な分野において，独自の展開を見せてきている．音韻論研究は生成理論的パラダイムの下で様々な理論的展開を経験するとともに，近年は隣接部門とのインターフェイスの研究で実質的な成果を得はじめている．また，統語・意味・音韻とならんで言語システムの重要な一部門をなすレキシコンにおいても研究の精緻化がますます進み，形態論の分野では分散形態論の評価を含め，広い範囲で理論的見直し作業が行われている状況がある．歴史的な研究においては，伝統的な文献学の豊かな研究成果を踏まえた上で，統語・意味・音韻のそれぞれの領域において通時的言語データを理論的に分析する試みが盛んに行われるようになっている．さらに，今世紀に入って新たな展開をみせつつある類型論研究，モンタギューに始まり，動的意味論や談話表示理論などに受け継がれている形式意味論研究，電子的言語資料の蓄積・整備とともに目覚ましく発展しつつあるコーパス研究などについても，その動向を見逃すことはできない．

　このような状況にあって，本シリーズは，各分野における20世紀後半の研究を踏まえつつ，今世紀に入ってそれぞれの研究がどのように展開し，こ

iv

れまでどのような研究成果が得られ，また今後期待されるかについて，実証的かつ論理的に詳述することを目指している．ねらいとしては，言語研究の現状を幅広く概観するとともに，今後の研究動向についての展望を示すことで，理論言語学のさらなる発展につなげたいというところにある．

　本シリーズは 22 巻からなっており，各巻は比較的少人数（1 人から最多4 人）の担当者により執筆されている．執筆者は，それぞれの専門分野の単なる紹介に終わることなく，執筆者独自の問題意識をもってその分野の中心的課題に切り込み，自らの分析・見解も含め，縦横に議論を展開している．また，研究対象としている言語は（類型論などの一部の巻を除き）主に英語と日本語であるが，できるだけ日英語比較の観点を取り入れることにも努めている．本シリーズが英語学・言語学に興味をもつ多様な読者の期待に応えられるものになっていることを願いたい．

　最後に，本シリーズは平成の時代に企画され，令和を迎えてからの刊行となったが，この新しい時代にも言語研究が一層進展し，新しい可能性を切り拓く研究分野として次世代に引きつがれていくことを期待したい．本シリーズがその一助たりうるのであれば，望外の喜びである．

監修者一同

は し が き

　本巻は，文の統語構造をめぐる問題に，主に格付与（あるいは，格標示）理論の観点からアプローチしようとする論考である．文（あるいは節）は，単純に主語名詞句と動詞句から構成されると考えられた時代もあった．しかし，最近の生成文法理論では，時制辞や補文標識やその他の機能範疇が節内に投射されると仮定されることもあり，主語や目的語などが統語構造のどこにどのように位置付けられるかを決めることは，それほど簡単な問題ではなくなっている．そして，統語構造における名詞句の位置やその分布を決めるのに重要な役割を果たすのが格理論であり，格と名詞句の関係を追求するのが本巻のメインテーマとなっている．

　本巻は2部構成となっており，第Ⅰ部と第Ⅱ部をそれぞれ1名の著者が執筆している．両部とも，格理論の観点を踏まえて，主に日本語の文構造を考察対象としている点では共通するものの，それぞれ独自の観点から独立性の高い論考を展開している．また，内容として，文構造や格の研究を幅広く概観するというよりは，2名の著者ともに独自の議論や提案を展開することに重点を置いている．そのため，先行研究における標準的な議論や仮定を理解してもらう目的で，2つの論考に先んじて「序論」を置くこととした．生成文法の議論や格理論にすでにある程度なじみのある読者にとっては，この「序論」は読み飛ばすことも可能である．

　「構文と格」と題する第Ⅰ部では，日本語の主語をめぐる問題が詳しく論じられる．主語には，主格で現れる通常の主語のほかに，例外的格標示構文における対格主語や所有者上昇が関わると考えられる大主語，関係節等に生ずる属格主語などがあり，それらの主語が文構造のどこに位置付けられるかはたいへん興味深い問題となる．第Ⅰ部では，多くの経験的な事実に基づく議論から，異なるタイプの主語の構造的な位置について独自の見解が示される．また，併せて軽動詞構文が取り上げられ，動作主主語の場合と非動作

v

主主語の場合に分けた上で，格付与と意味役割付与のメカニズムに関する提案がなされる．

第II部「依存格と日本語の節構造」では，日本語の格配列パターンを説明するための道具立てとして「依存格」の考え方が導入される．この考え方は，Chomsky を中心に開発された，INFL や V などの一定の主要部が名詞句に格を付与する（あるいは，照合する）という標準的な格理論とは別のコンテクストで登場し，比較的最近になってようやく研究が進み始めたものである．第II部では，「依存格」の考え方が日本語の格配列や構文の特性を論ずるのに適した理論となることが述べられる．具体的には，日本語の使役文と受動文が詳しく検討され，依存格の考え方に加え，一定の意味役割モデルおよび日本語には空（ゼロ形）の動詞が許されるという新規の仮定に基づいて，それらの構文のこれまでに見られなかった新たな統語的分析が提示される．

上でも述べたように，本巻は先行研究の概観などは最小限にとどめ，著者独自の挑戦的な議論や刺激的なアイディアを提示することに力点をおいている．読者が本巻から何らかの刺激を受けて，それが文構造の研究の更なる発展につながることになれば，幸いである．

本巻の企画段階から完成まで，開拓社の川田賢氏にご配慮いただいた．ここに記してお礼を申し上げたい．

執筆担当：
　序　論　加賀信広・岸本秀樹
　第I部　岸本秀樹
　第II部　加賀信広

2024 年 4 月

加賀　信広
岸本　秀樹

目　次

「最新英語学・言語学シリーズ」の刊行にあたって　　iii
はしがき　　v

序　論 ………………………………………………………………… 1

  1.　生成文法における格研究の流れ ………………………………… 1
  2.　日本語の格（ガ・ヲ・ニ）研究の展開 ……………………… 10

第 I 部　構文と格

第 1 章　否定極性表現と主語の構造位置 …………………………… 20

  1.　主語をめぐる問題 ……………………………………………… 20
  2.　動詞述語文と主語 ……………………………………………… 21
  3.　形容詞述語文 …………………………………………………… 33

第 2 章　ECM 構文 …………………………………………………… 40

  1.　ECM 構文の特徴 ……………………………………………… 40
  2.　CP への A-移動 ………………………………………………… 56
  3.　目的語に関する問題 …………………………………………… 60

第 3 章　所有者上昇構文 ……………………………………………… 65

  1.　所有者上昇 ……………………………………………………… 65
  2.　主語上昇とイディオム ………………………………………… 67

vii

viii

第 4 章　軽動詞構文	73

1. 軽動詞構文の特徴 ･･････････････････････････ 73
2. 軽動詞構文に現れる「する」 ･･････････････････ 74
3. 軽動詞構文の形式を認定する経験的な証拠 ･･････ 79
4. 対格項を 2 つとる軽動詞構文 ････････････････ 86
5. 非対格の軽動詞構文 ････････････････････････ 97

第 5 章　「が / の」交替	102

1. 埋め込み節内の主語の格標示 ･･････････････ 102
2. 埋め込み節内に位置する属格主語 ･･･････････ 103
3. 属格主語の埋め込み節内位置 ･･･････････････ 105

第 II 部　依存格と日本語の節構造

第 1 章　依存格の考え方と日本語への応用	110

1. 依存格に関する先行研究 ････････････････････ 110
2. 日本語の格付与 ････････････････････････････ 114

第 2 章　日本語使役文	120

1. 日本語動詞の自他交替と形態的特性 ･･････････ 120
2. 意味役割階層 ･･････････････････････････････ 122
3. 生成文法における日本語使役文の分析：先行研究 ･･････ 126
4. 日本語使役文の構造：提案 ････････････････････ 135
5. ヲ使役文とニ使役文の相違 ････････････････････ 143
6. 使役文における「自分」 ･･･････････････････････ 150
7. まとめ ････････････････････････････････････ 163

第 3 章　日本語受動文	165

1. 日本語受動文の多様性 ･･････････････････････ 165
2. 同一構造説と非同一構造説 ･･････････････････ 168
3. 日本語受動文の構造：提案 ･･････････････････ 179

4. 間接受動文の構造と被害解釈 …………………………………… 189
5. ニ受動文とニヨッテ受動文 ……………………………………… 192
6. 韓国語の受動文 …………………………………………………… 198
7. まとめ ……………………………………………………………… 201

参考文献 ………………………………………………………………… 203

索　　引 ………………………………………………………………… 213

著者紹介 ………………………………………………………………… 218

序　論

　本書は，第 I 部「構文と格」，第 II 部「依存格と日本語の節構造」の構成
となっており，それぞれにおいて，主に日本語の構文と格をめぐって著者独
自の議論が縦横に展開されるが，その議論の前提として，生成文法における
標準的な格（Case）の扱い方を概略的にまとめておきたい．ここでは，
Chomsky の研究を中心に据えて，主に英語にかかわる格理論の展開を概観
し，その後，日本語の格（ガ・ヲ・ニ）に関する主要な研究についても簡単
に触れることにする．

1.　生成文法における格研究の流れ

　Chomsky (1981) は，「統率・束縛理論（government and binding theo-
ry）」と呼ばれる 1 つの理論体系を提案するとともに，文法は受動化や疑問
化などの個別の変形規則の集合からなる体系ではなく，下位部門として統率
理論（government theory），束縛理論（binding theory），θ 理論（θ-theory），
コントロール理論（control theory）などの各理論を含むモジュール体系であ
るという考え方を示した．それぞれの理論は，個別の言語や構文を超えた普
遍的な「原理（principles）」からなり，また，言語間の相違を体系的に捉え
るために「パラメータ（parameters）」の考え方が導入された．Chomsky

1

（1981）は，いわゆる「原理とパラメータのアプローチ（principles and pa-
rameters approach）」の先駆けとなった研究である．格に関する研究が「格
理論」の名の下で一定の役割と地位を与えられたのも，やはり Chomsky
（1981）においてであった．

Chomsky は，格を基本的に統率関係に基づいて与えられるものと捉え，
以下のような格付与規則を提示した（Chomsky（1981: 170））．

(1) a. 名詞句が，AGR によって統率されるならば，主格（nominative）
が与えられる．

b. 名詞句が，他動詞によって統率されるならば，目的格（objec-
tive）が与えられる．

c. 名詞句が，前置詞によって統率されるならば，斜格（oblique）
が与えられる．

d. 名詞句が，$[_{NP} \underline{\quad} X']$ の環境にあれば，属格（genitive）が与え
られる．

(1) の規則を英語の文にあてはめてみると，例えば (2a) の文において，主
語の the girl は主格を，目的語の the boy は目的格を，前置詞の目的語の
his house は斜格を，そして前置詞の目的語の中に生起している his は属格
を，それぞれ与えられることになる．

(2) a. The girl kissed the boy in his house.

b. She kissed him in his house.

英語では，形態的な格変化の大部分が衰退するという歴史的変化があったた
めに，the girl や the boy などの名詞句が格を付与されていることを直接見
ることはできないが，格変化をとどめている代名詞に置き換えると，(2b)
のように，主語と目的語に与えられている格が主格と目的格であることが確
認できる．

(1a-d) の格付与規則について，もう少し詳しく見てみよう．Chomsky
（1981）の枠組みでは，節が (3) に示すような構造をもつと仮定されており，
人称・性・数の一致が生ずる場合に限り，INFL（Inflection）の中に AGR

(Agreement) が存在すると考えられた. したがって, (1a) によって主格が与えられるのは, 主語と動詞の一致が見られる時制節 (tensed clause) の主語ということになる.[1] 節の主語であっても, 不定詞節 (infinitive clause) の場合には, 主格は与えられない.

(3)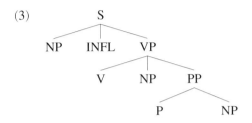

なお, (1a-c) については, 統率 (government) の関係に基づいて格が与えられる. 統率は, 概略, α が β を統率するのは, 最小投射である α が β を c 統御しており, かつ, α と β が同じ最大投射に直接支配される場合であると定義される.[2]

(1b) の規則は, 他動詞が下位範疇化する名詞句に目的格を与える場合を規定している. (1c) は前置詞が与える格についての規則である. 規定上は動詞の場合と区別して, 斜格が与えられるとしてあるが, Chomsky は, 格の体系が衰退している英語では, 前置詞の目的語も動詞の場合と同様に, やはり目的格が付与されるのではないかとのコメントを付けている. (1d) は属格付与の場合であるが, この場合に限り, 統率によらない格付与の環境指定がなされている. Chomsky (1981) が発表された当時は, まだ名詞句を DP (determiner phrase) として捉えなおす発想はなかったが, DP による分析を取り入れると, 主要部 D によって統率される場合に, 名詞句 (実際は, 決定詞句) は属格が与えられるという規則に書き改められることになっていたであろう.

---

[1] 屈折辞 INFL に含まれる時制要素および一致要素は, 拘束形態素であるため, 平叙文では動詞への接辞化が起こる. しかし, INFL 自体は, 統語構造上は動詞句から独立し, その外に S に直接支配される要素として存在すると仮定された.

[2] 統率の定義については, その当時, 様々なバージョンが検討され, 発展形なども存在する. 詳しくは, Chomsky (1981, 1982, 1986) などを参照されたい.

4

Chomsky は，（1a-d）の規則によって与えられる格を「構造格（structural Case）」と呼び，名詞句が担う θ 役割などと関連するのではなく，統語構造形式の中で決定される格であると特徴付けた．つまり，（時制節の）主語や動詞の目的語，前置詞の目的語，そして名詞句内に限定詞として生起するそれぞれの要素は，「動作主（agent）」「主題（theme）」「場所（location）」「経験者（experiencer）」「所有者（possessor）」など様々な θ 役割（θ-role）を担う可能性があり，それらの要素は特定の θ 役割と結びつくわけではないということである．[3] また，（代）名詞の語形変化として具現する形態格（morphological case）と区別し，（1a-d）によって与えられる格を「抽象格（abstract Case）」と呼ぶこともある．Chomsky は，音形をもつ名詞句はこの抽象格をもつ必要があるとして，（4）に挙げる格フィルター（Case filter）を設定した．

(4) 音形（phonetic content）をもつ名詞句が格をもたなければ，その名詞句は不適格である．

Chomsky（1981）で提示された格理論は，原理とパラメータのアプローチで目指したモジュール的体系としての文法装置がうまく機能した１つの事例である．格理論は，概略，（1）の抽象格を与える規則と（4）の格フィルターから成るが，この理論の下では，節構造における名詞句の分布が一般的な原理に基づいて説明できる．例えば，（5a, b）の文法性の違いは，次のように説明される．（5a）の不定詞補文では，時制節と異なり，主語 Bill が主格を得ることができず，文が格フィルターにより排除される．これに対して，（5b）では不定詞補文の主語が音形のない PRO であるため，格フィルターに抵触せず，文法的な文になる．

---

[3] 一方，特定の θ 役割と結びつく格は，内在格（inherent Case）と呼ばれる．Chomsky（1981）には，英語の二重目的語構文の直接目的語が内在格を受けるとの議論がある．しかし，（現代）英語においてどのような事例で内在格が与えられるかは必ずしもはっきりしておらず，ここではこれ以上の言及はしない．

序　論　　　　　　　　　　　　　5

(5) a. *John tried [Bill to win]

　　 b.　John tried [PRO to win]

　また，主節主語の位置に生じている不定詞節では，(6a) のように，主語
に音形のない PRO の生起が可能であるが，音形をもつ名詞句が生起する場
合は for が必要となる．

(6) a.　[PRO to criticize Mary] would be surprising.

　　 b.　*[John to criticize Mary] would be surprising.

　　 c.　[For John to criticize Mary] would be surprising.

(6b) の John は音形をもつにもかかわらず，格を受けることができないた
め，この文は非文法的となる．(6c) では前置詞 for により格が与えられる
ため，文法的になる．
　さらに，(7) や (8) の例をみると，動詞の目的語は，動詞に直接後続す
ることが許されるが，形容詞や名詞の目的語では，前置詞の介在が必要にな
ることがわかる．

(7) a.　John envies Mary.

　　 b.　John is envious *(of) Mary.

(8) a.　John criticized Mary.

　　 b.　John's criticism *(of) Mary

これらの事実も，格理論によって説明される．(1b) に規定されるように，
目的格を与えるのは他動詞であって，形容詞や名詞は格付与子ではないた
め，(7b) や (8b) の音形をもつ名詞句 Mary は，前置詞 of により格を与え
られる必要がある．格が与えられないと，格フィルターにより排除されるの
である．
　以上のように，Chomsky (1981) の統率・束縛理論では，(5) から (8) で
観察される名詞句の分布，すなわち，どのような名詞句がどのような環境に
生起可能なのかといった事実は，(1) の格付規則と (4) の格フィルターに
より，構文とは独立した一般的な原理で説明することが可能となっている．

格理論が名詞句の移動にかかわる場合もある．(9a) の文は，(9b) の文と意味的な対応関係をもっている．そのため，(9a) の主節の主語は，(10a, b) に示すように，補文の主語の位置から移動することによって派生されると考えられる．(9a) は，述部が seem, appear, be likely などの際にみられる「主語繰り上げ (subject raising)」の事例である．

(9) a. John seems to be intelligent.

    b. It seems that John is intelligent.

(10) a. ___ seems [John to be intelligent]

    b. John$_i$ seems [t_i to be intelligent]

(10a) の補文は不定詞節であり，補文の主語位置にある John は，格が与えられないため，格フィルターによって排除されてしまう．しかし，John が，主節主語の位置に移動して，主節の INFL（時制と AGR を含む）から主格を与えられると，格フィルターの違反を起こさない．この場合の主語の移動は，格理論の下で文法的な文を派生するための必須の手段となる．逆に (9b) のように，補文が時制節の場合には，主節主語への移動は起こってはならない（*John$_i$ seems [(that) t_i is intelligent]）．これは，補文の主語名詞句は補文内で主格を与えられるために，主節に移動する必要がないからである．仮に，補文節の主語が主節への移動を起こしてしまうと，二重に主格を与えられることになってしまい，文法的な文にならない．

　主語繰り上げ構文と同様の議論は，受動文の派生においても有効である．受動文は，もともと他動詞の目的語であった要素が主語位置に移動する．その移動はやはり格理論から説明できる．例えば，(11a) の文は，(11b) の基底の構造から (11c) の移動を経て派生されると仮定できる．

(11) a. John was killed (by someone).

    b. ___ was killed John

    c. John$_i$ was killed t_i

(11c) の移動が起こるのは，目的語の位置が目的格を与えられず，主節の主語位置に移動して格を受ける必要があるからである．受動文の目的語の位置

に目的格が与えられないという事実に対する説明の 1 つが，動詞の接辞の受動形態素 -en が動詞の格付与能力を吸収するためという Jaeggli (1986) の提案である．

　Chomsky (1981) の統率・束縛理論の枠組みにおいては，主語繰り上げ構文や受動文などの構文形成に必要な変形規則がそれぞれ個別に存在するわけではない．X バー理論や θ 理論に特定の語彙項目の特性が加わって形成される節構造に，一般的な式型をもつ移動（α 移動）が適用されることで，主語繰り上げ構文や受動文が派生されるのである．格理論は，移動の条件を規定する役割を担っている．

　英語の格付与に関連して触れておくべき構文として，believe や consider などの思考動詞が不定詞補文をとる「例外的格標示構文（exceptional Case marking construction）」がある．(12a) の例外的格標示構文では，時制節を補文としてとる (12b) と意味内容がほぼ同一であるので，John が補文の主語であると認定される．

(12) a.　I believe [John to be intelligent]
　　 b.　I believe that John is intelligent.

不定詞節の主語の位置には格が与えられないのに，なぜ音形をもつ John がこの位置に生起できるのであろうか．補文の主語を代名詞に替えると，目的格をとることから（I believe him to be intelligent.），John のもつ格は主節の動詞に由来すると考えられる．Chomsky (1981) では，believe がとるこの不定詞節は，節境界を形成する S バーではなく，補文標識（complementizer）を含まない S の構成素となるため，主節動詞が不定詞節の主語に目的格を与えることが可能であるとの考え方が示された．believe の不定詞節では S バー削除規則が適用されることにより，節境界を越える格標示が「例外的に」許されるのである．この点で，(12) の不定詞節は，(5) にみられる S バーの構成素をなす通常の不定詞節とは異なる．[4] (5) では，try に後

---

[4] 例外的格標示構文については，S バーが削除されているために主節動詞からの格付与が可能になるとする分析の他に，不定詞節の主語が移動により主節の目的語位置に繰り上がり，その位置で格を付与されるとする Lasnik and Saito (1991) などの分析もある．

続する不定詞節は，S バーの構成素であり，不定詞節内での格付与も，主節動詞からの（例外的な）格付与も行われない．そのため，(5) の不定詞節の主語は音形をもつことができず，PRO だけが生起可能となる．

以上，Chomsky (1981) に沿う形で，格理論について見てきた．1980 年代後半から 90 年代，さらに 2000 年以降に研究が進むにつれ，生成文法の理論的枠組みが「統率・束縛理論」から「ミニマリストプログラム」に移行し，格理論自体の内容には大きな変化はないものの，それを取り巻く理論的道具立てが大きく変わってきている．以下では，Chomsky (1981) 以降に導入された主要な理論的考え方を概観した上で，ミニマリストプログラムの枠組みにおける格の捉え方について見ることとしたい．

まず，X バー理論の式型に関しては，Chomsky (1986) で提案されたように，節の構造は厳密に二又の枝分かれを成し，(3) のような三又の枝分かれ構造（NP と INFL と VP が横並びになるような構造）は許されないという考え方が一般的に仮定されるようになった．[5] また，範疇には語彙範疇と機能範疇があり，機能範疇の COMP（または C（= complementizer，補文標識））と I（= INFL）（あるいは，T（= Tense））がそれぞれ節の主要部として働くとされた．さらに，主語はまず動詞句内に生起し，その後，INFL の指定部に移動するという動詞句内主語仮説（VP-internal subject hypothesis）が導入された（Sportiche (1988) など）．動詞句の構造については，単層の構造ではなく，上位の vP と下位の VP の複層からなるとする分裂動詞句仮説（split VP hypothesis）が採用されることが多くなった（Larson (1988)，Chomsky (1995) など）．これらの考え方を樹形図で表すと，概略，(13) の構造となる．

---

[5] ミニマリストの枠組みの下で，2 つの要素の併合により節構造が形成されると仮定すれば，二又枝分かれの制限は，その必然的な帰結となる．

(13)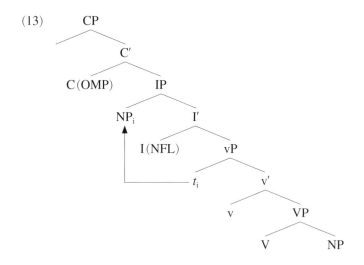

(13) では，CP と IP はそれぞれ，Chomsky (1981) 当時の S バーおよび S の投射範疇に相当する．この構造では，IP の指定部にある名詞句が主格を，V の補部にある名詞句が目的格を，それぞれもつことになる．

　生成文法の枠組みがミニマリストプログラムに移行すると，格付与に代わり，一致操作（Agree）に基づく格照合（Case checking）の考え方が導入された（Chomsky (1995, 2000) など）．例えば，John runs (every day). の文では派生の段階で (14a) の構造が形成され，動詞句内に生起した名詞句 John は，人称・数・性などの φ 素性（ここでは，三人称単数）をもつとともに，解釈不可能（uninterpretable）な格素性 [uCase] を有している．一方，機能範疇 T は，解釈不可能な φ 素性 [uφ] と（現在）時制の素性 [pres] を有している．[6]

(14) a. [T$_{[u\phi][pres]}$ [$_{vP}$ John$_{[uCase][3sg.]}$ run]]
　　 b. [$_{TP}$ John$_{i[\text{Nom}][3sg]}$ T$_{[3sg][pres]}$ [$_{vP}$ t_i run]]

(14a) において，T は vP 内を探索（probe）し，John を一致操作の目標

---

[6] Chomsky (1995, 2000) が機能範疇として，I(NFL) ではなく，T(ense) を採用しているため，ここでは T の表記を用いる．

(goal）として選び出す．その結果，T と John が一致を起こし，T の [uφ]
には名詞句の John から三人称単数が与値され，John の [uCase] には T か
ら主格が与値される．また，英語の T は EPP 素性（"Extended Projection
Principle" feature）をもつため，John は T の指定部に繰り上がる移動を起
こし，(14b) の構造が得られる．

　なお，主語名詞句 John の格素性と機能範疇 T の φ 素性は，意味解釈に
関与しない解釈不可能素性で，対応する解釈可能素性である T の時制要素
および John の φ 素性と一致することにより，統語部門において削除される．
(14b) では，素性の削除が取り消し線で表示されている．このような素性照
合（feature checking）による素性の一致と削除は，格の認可についても行
われ，格に関する素性照合は，格照合（Case checking）と呼ばれる．

　目的語の格については，目的語と上位動詞 v の間での一致操作で格照合
が行われる．例えば，read the books という表現は，(15a) のような構造
で，v と the books が一致し，v から the books に目的格が与値される．φ
素性照合については，the books から v に三人称複数が与値される．その結
果，(15b) の表示が得られる．

(15) a. $[v_{[u\phi]}$ [$_{VP}$ read the books$_{[uCase][3pl]}$]]

　　 b. $[v_{[3pl]}$ [$_{VP}$ read the books$_{[Obj][3pl]}$]]

(15b) は，解釈不可能な素性が削除されているので，適格に解釈できる表現
となる．英語では，動詞と目的語の間に目に見える形での人称・数・性の一
致は起きないが，理論的には v と目的語の間で φ 素性の照合が行われると
仮定される．格照合と φ 素性照合は，常に連動して行われるのである．

2.　日本語の格（ガ・ヲ・ニ）研究の展開

　日本語において助詞のガやヲにより標示される格が，それぞれ主格と目的
格であると考えると，主語が主格のガを，目的語が目的格のヲをもつため英
語と同じ格配列になる．

序　論　　　　　　　　　　　　11

(16) a.　太郎ガ　花子ヲ　ほめた.

　　 b.　He（主格）praised her（目的格）.

しかしながら，日本語には英語とは異なるパターンの格配列が見られる場合
がある．その 1 つが，「わかる」「要る」「できる」などの状態動詞の文に現
れる「ニ・ガ」の格パターンである.

(17) a.　太郎ニ　花子ガ　わかる（こと）

　　 b.　太郎ニ　お金ガ　要る（こと）

　　 c.　太郎ニ　それガ　できる（こと）

(17a) に相当する英語の文では，He understands her. のように，主語が主
格，目的語が目的格で表現されるが，日本語では，主語がニ格で，目的語が
ガ格で標示される.[7] さらに，(17) の各文のニ格をガ格に置き換えると，複
数のガ格要素が現れる (18) の多重主格文（multiple nominative sentence）
が成立する.

(18) a.　太郎ガ　花子ガ　わかる（こと）

　　 b.　太郎ガ　お金ガ　要る（こと）

　　 c.　太郎ガ　それガ　できる（こと）

また，(19) のような多重主格文では，(18) の文とは異なり，「ニ・ガ」の
格パターンでは現れない.

(19) a.　太郎ガ　妹ガ　かわいい

　　 b.　花子ガ　お父さんガ　死んだ

　　 c.　文明国ガ　男性ガ　平均寿命ガ　短い

---

[7] (17) の各文において，ニ格名詞句が主語で，ガ格名詞句が目的語であることは，日本
語の再帰代名詞「自分」を用いて確認することができる.
　　(i)　太郎$_i$ニ（は）自分$_i$の息子のことガ　わからなかった
「自分」は，文の主語のみを先行詞としてとれる. (i) の「自分」の先行詞は「太郎」となる
ため，ニ格名詞句「太郎」が主語であることがわかる. 詳しくは，Kuno (1973)，柴谷
(1978) などを参照のこと.

(19) では,「太郎ノ妹がかわいい」や「花子ノお父さんが死んだ」「文明国ノ男性ノ平均寿命が短い」のように,ノを用いて1つの名詞句として表現することが可能である.

このように,基本的な「ガ・ヲ」の格配列に加えて,「ニ・ガ」や「ガ・ガ」などの格配列が許されることが,英語と異なる日本語の1つの特徴として挙げられる.なお,「ニ・ガ」の格パターンおよびその書き換えとしての「ガ・ガ」の格パターンが許されるのは,述語が状態性をもつ場合である（久野 (1973) などを参照）.

日本語には英語と比べて多様な格配列パターンが存在し,それぞれのパターンがどのように体系的に説明できるかが日本語生成文法の課題の1つである.以下では,日本語の格体系の説明に取り組んだ試みとして,初期の日本語生成文法の研究の Kuno (1973) と,統率・束縛理論の枠組みに基づく研究である Takezawa (1987) を取り上げる.

まず,Kuno (1973) は,日本語の格配列パターンを捉えるために,次のような変形規則を設定している.[8]

(20) a. 主語標示：主語名詞句にガを付与せよ.

b. 目的語標示： 主動詞が非状態動詞である場合,動詞の直ぐ左にある非主語名詞句にヲを付与せよ.主動詞が状態動詞である場合は,ガを付与せよ.

c. ガ・ニ転換：「NP-ガ NP-ガ V」のパターンがあった場合に最初の「NP-ガ」にニを付与せよ.

d. ガ・ヲ削除： ガおよびヲに他の格標識が後続した場合,ガおよびヲを削除せよ.

「太郎ガ本ヲ読む」の「ガ・ヲ」パターンの他動詞文は,(20a) と (20b) 前半の規則により生成される.一方,「太郎に英語がわかる」の「ニ・ガ」パ

---

[8] Kuno (1973) の他に,変形規則を設定して日本語の格標示パターンを捉えようとした生成文法の初期の研究として,Kuroda (1965b),柴谷 (1978) などが挙げられる.また Kuroda (1978) は,Kuroda (1965b) を発展させて,統語格配列の一般化を理論的な観点から最大限追究した意欲的な研究である.

序　論　　　13

ターンの文は，(20a) と (20b) 後半の規則（状態動詞の場合）が適用され，
「太郎ガ英語ガわかる」という「ガ・ガ」パターンの文が生成される．その後
に (20c) の転換規則が適用され，「太郎ガニ英語ガわかる」という連鎖が生
まれるが，(20d) の削除規則により「ガ」が消え「太郎ニ英語ガわかる」と
いう文になる．

　Kuno (1973) では，可能文の生成について詳しく論じられている．例え
ば，他動詞「話す」は，「太郎ガ日本語ヲ話す」のように，「ガ・ヲ」の格パ
ターンのみを許すが，「話せる」のように可能形になると，(21a, b, c) の 3
つの格配列パターンが可能になる．

(21) a.　太郎ガ　　日本語ヲ　　話せる
　　　b.　太郎ガ　　日本語ガ　　話せる
　　　c.　太郎ニ　　日本語ガ　　話せる

Kuno によると，可能文は，基底では複文構造をもつが，表層では，単文構
造に変換される．この変換にかかわる操作として，上記 (20) の規則のほか
に，「助動詞削除」「同一名詞句削除」「動詞繰り上げ」の 3 つの規則が追加
され，可能文は (22) のように派生される．なお，可能文を作る動詞接辞
re / rare は，状態性を導入すると仮定される．

(22) a.　基底構造：太郎　　[太郎　日本語　hanas-u] e-ru
　　　b.　主語標示：太郎　　[太郎ガ　日本語　hanas-u] e-ru
　　　c.　目的語標示：太郎　　[太郎ガ　日本語ヲ　hanas-u] e-ru
　　　d.　助動詞削除：太郎　　[太郎ガ　日本語ヲ　hanas-ϕ] e-ru
　　　e.　同一名詞句削除：太郎　　[ϕ　　日本語ヲ　hanas-ϕ] e-ru
　　　f.　動詞繰り上げ：太郎　　日本語ヲ　hanas-e-ru
　　　g.　主語標示：太郎ガ　　日本語ヲ　hanas-e-ru
　　　h.　目的語標示：太郎ガ　　日本語ヲガ　hanas-e-ru
　　　i.　ガ・ヲ削除：太郎ガ　　日本語ガ　hanas-e-ru
　　　j.　ガ・ニ転換：太郎ガニ　　日本語ガ　hanas-e-ru
　　　k.　ガ・ヲ削除：太郎ニ　　日本語ガ　hanas-e-ru

(22b-d) が埋め込み文内での操作で，(22e-f) を経て，主文における派生操作が適用される．(22g) の段階で「ガ・ヲ」パターンの文が生成され，(22h, i) と (22i, k) の規則でそれぞれ「ガ・ガ」パターンと「ニ・ガ」パターンの文が生み出される．

　Kuno (1973) の分析では，動詞（接辞）を状態的か非状態的かに場合分けし，それを規則の中に書き込むことで，結果的に記述的に妥当な格標示になっている．しかし，生成文法で望まれる「説明的妥当性」の観点からすると，必ずしも十分ではなく，状態動詞の場合に目的語にガ格が現れるのはなぜなのか，「ガ・ガ」パターンをもつ文の主語のガ格がニ格に変換できるのはなぜなのかなど，いくつかの疑問が浮かんでくる．このような疑問に答えようとしたのが，Takezawa (1987) である．

　Kuno (1973) が「主語」や「目的語」などの文法関係に基づいて格標示を記述しようとしたのに対して，Takezawa (1987) は，統率・束縛理論の枠組みで，統語的な構造に基づく説明を試みた．具体的には，Takezawa では，「統率」関係に基づく (23a, b) の主格および目的格の付与規則が提案された．[9]

(23) a.　INFL に統率される名詞句には，主格が与えられる．
　　 b.　他動詞に統率される名詞句には，目的格が与えられる．

日本語においても，英語と同様に，INFL が VP の外に存在すると仮定し，例えば，(24) においては，INFL が主語の「太郎」を統率するため，「太郎」にはガ格が付与され，目的語の「日本語」は動詞によって統率されるため，「日本語」にはヲ格が付与される．

---

　[9] なお，(23a) において「INFL に統率される名詞句」という場合の「統率」は，主要部 I によりその指定部にある名詞句が統率されることを指している．この場合の「統率」では，厳密な c-統御による定義ではなく，最大投射に基づく m-統御の定義が採用されている．

(24)

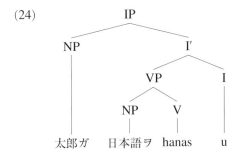

　Takezawa は，日本語でも主格が INFL（実際には，時制）によって付与されることを裏付ける証拠として 2 つの事実を指摘する．その 1 つが，(25a, b) の埋め込み節におけるガ格の生起可能性の違いである．

(25) a. 太郎は [花子の横顔 {ガ/ヲ} とても美しい] と思った．
　　　b. 太郎は [花子の横顔 {*ガ/ヲ} とても美しく] 思った．

(25a) の「思う」補文節は，補文標識「と」によって導入され，時制を含んでいる．これに対して，(25b) の補文節は，時制が含まれていない，いわゆる「小節 (small clause)」である．(25a) の補文主語はガ格とヲ格がともに可能であるが，(25b) ではガ格が容認されない．(25a, b) のヲ格については，英語の例外的格標示構文と平行的に，主文の動詞「思う」によってヲ格が「花子の横顔」に例外的に格付与されるためである．これに対して，Takezawa によると節の「主語」にガ格を認可するのは，時制要素である．したがって，(25a) では，補文節に時制が存在するためにガ格が認可されるが，(25b) の補文節では時制が存在しないためにガ格が認可されない．

　Takezawa (1987) が提示するもう 1 つの事例は，使役文・受益文である．(26) に見るように，使役の「－させ」や受益の「－もらう」が導入する補文では，主語がガ格で現れることができない．

(26) a. 太郎は [花子 {*ガ/ニ} すしを 食べ]-させた．
　　　b. 太郎は [花子 {*ガ/ニ} 宿題を 手伝って]-もらった．

「－させ」や「－もらう」は，表面上は先行する動詞と形態的に一体化するも

のの,少なくとも基底のレベルでは,角括弧で示すような複文構造をもつ.(26a, b) において,補文の主語「花子」にガ格が許されないのは,補文内に時制が存在しないためである.ここでも,時制要素がガ格の認可に重要な役割をはたすのである.Takezawa は,(26a, b) の補文の主語に現れるニ格については,(27) の生起規則を提案している.

(27)　INFL (時制) に統率されていない主語にニを付与せよ.

(26a, b) では,「花子」が時制要素に統率されないために,ガ格を受けることができない.また,先に見た例外的格標示の環境でもないため,ヲ格を受けることもできない.このような場合に,(27) の規則が適用され,主語にニ格が現れることになるが,(27) では,統率の概念に基づいてニ格付与の規則が規定されている点が重要である.

Takezawa (1987) は,主語のガ格は INFL (時制) によって認可されると主張する.一方で,「太郎に英語がわかる(こと)」の「ニ・ガ」パターンの文に対しては,(28) のように,INFL (時制) が動詞句内の動詞に繰り下がるとする分析を提案する.[10]

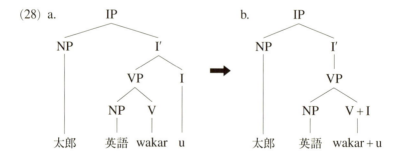

INFL (時制) が降下した (28b) の構造では,目的語名詞句が INFL によって統率される.そのため,目的語の「英語」は (23a) の規則により,ガ格を

---

[10] Takezawa (1987) は,INFL を動詞に繰り下げる操作を英語の接辞移動規則 (Affix Hopping) に対応するものと考えている.なお,竹沢 (1998) では,INFL の繰り下げ操作の代案として,INFL は移動せず,状態動詞の投射 (動詞句) が格付与に関して「透明」になるという分析が提示されている.

付与される．また，主語の「太郎」は，(28b) では INFL により統率されないので，ガ格は与えられず，(27) の規則によりニ格が付与される．その結果，「太郎ニ英語ガわかる」という「ニ・ガ」パターンの文が具現する．

日本語では状態動詞（または，状態的述部）の文で「ニ・ガ」パターンが出現する．しかし，「話す」などの非状態動詞では，「ニ・ガ」のパターンは許されない．この違いを，Takezawa は，非状態動詞は格付与能力を有するのに対して，状態動詞は格付与能力を欠くという違いに帰されるとしている．非状態動詞では，動詞が目的語を統率し，目的格を付与できるため，(28) のような INFL の繰り下がりは必要ない．しかし，状態動詞では，動詞が目的語を統率したとしても，目的語が目的格を受けることができない．したがって，INFL が降下し，目的語にガ格を付与することが求められる．目的語が主語位置に移動する受動文とは異なり，状態動詞構文では，目的語が主語の位置に移動をして格をもらう可能性はない．そのため，INFL が繰り下がり，目的語にガ格を与えないと，格フィルターの違反が起こり，非文法的な文になってしまう．[11]

このように，Takezawa (1987) は，日本語の格付与を統率という概念に基づいて統一的に捉えることに成功しているといえる．状態動詞に見られる「ニ・ガ」のパターンも，状態動詞の場合には INFL が動詞の位置に繰り下がるため，目的語が INFL に統率されてガ格を得るという一般的な原理に従った形の説明が可能である．非状態動詞と状態動詞の間の格標示パターンの違いは，結局のところ，状態動詞は語彙的に格付与能力を欠くという1つの仮定に帰することができ，それ以外の個別の規定や構文ごとの規則などをたてる必要がなくなっている．原理とパラメータの観点から，Takezawa の提案は好ましい分析になっていると評価される．

ただし，Takezawa (1987) は統率・束縛理論の枠組みにおける優れた研究であるが，状態動詞は，非状態動詞と異なり，なぜ格付与能力をもたない

---

[11] なお，「話せる (hanas-e-ru)」などの可能形の動詞では，(21) に見たように，「ニ・ガ」の格配列パターンに加えて「ガ・ヲ」のパターンも可能である．この事実を，Takezawa は，可能形の動詞は状態動詞の特性と非状態動詞の特性の二面性をもつと分析することで説明している．

のかという疑問が新たな課題として浮上する．また，本節で簡単に触れた例外的格標示構文や使役構文，受益構文，多重主格構文などに関して，その統語構造がどうなっているのかについて，更なる詳しい検証も必要である．生成文法が統率・束縛理論からミニマリストプログラムに移行する状況の中で，以降，数多く発表されてきた日本語の文構造や格をめぐる論考については，ここでは残念ながら，触れる余裕がまったくない．

　本書の第 I 部および第 II 部における論考が，日本語の文構造と格の問題に対して少しでも新たな知見を加えることができれば幸いである．

第Ⅰ部

構文と格

第 1 章

否定極性表現と主語の構造位置

1. 主語をめぐる問題

　主語は，（目的語などの）他の項と比べて卓越した要素であるとされる．通常，主語の卓越性は統語構造に反映され，主語は動詞句（vP）の上部に投射される TP の指定部に現れる．[1] 英語などの SVO 言語の場合，このことは，語順によって容易に確認することができる．また，主語が動詞句前置の適用範囲外にあることもその証拠となる．動詞句内主語仮説では，主語が最初に生成された動詞句内にとどまるか，それとも，節の主語位置（Spec-TP）に移動するかが問題になる．英語の場合には，動詞句内に最初に生起した主語が節の主語位置に移動することは，語順で容易に確認できるが，通言語的には，主語は必ずしも動詞句の外に存在するわけではない．

　日本語に目を向けると，日本語は SOV 言語であるために，語順により主語の位置を特定することはむずかしい．また，日本語では，動詞句をターゲットとする統語操作もおそらく英語のような形では存在しないため，主語の構造位置に関していくつかの見方・主張が存在する．1980 年代においては，日本語の主語が動詞句の中にとどまるという考え方が Fukui (1986, 1995)，Kuroda (1988)，Kitagawa (1986) などによって提案され，これが

---

[1] 付加詞に関してはさまざまな位置に現れる可能性がある．

動詞句内主語仮説を強く動機づけることになったことは周知のとおりである．しかし，英語と同じように日本語の主語も TP の指定部に存在するという分析も Miyagawa (1989a, 1989b)，Kishimoto (2001) などによって提案されている．より最近では，主語が TP に移動するか動詞句（vP）内にとどまるかは主語の格標示により異なるという分析が Kishimoto (2010, 2017) によって提案されている．

　本章では，否定極性表現の認可に関する事実を観察することによって，日本語の主語がどのような構造位置に存在するかを検証する．より具体的には，否定極性表現「しか」の付いた要素の統語的な振る舞いを見ることによって主語やその他の要素の構造位置を検討する．[2]

2.　動詞述語文と主語

　助詞の「しか」は，（文否定を表す）否定の作用域内に現れることによって認可される否定極性表現である．副詞的な助詞として機能する「しか」は，文中の様々な要素に付加することができ，「しか」が付加された要素は全体として否定極性表現として機能する．そのために，「しか」を用いることによってさまざまな要素の構造位置を特定することができる．このことを議論するには，日本語の文否定の作用域がどこまで及ぶかを確認する必要があるため，最初に，日本語の文否定の作用域について，英語と比較しながら検討する．

　まず，日本語では，(1) で示されているように，単文では否定極性表現の認可に関して主語・目的語の非対称性が観察されない．

(1) a.　山田さんしかこの本を買わなかった．
　　b.　山田さんがこの本しか買わなかった．

これに対して，英語では，否定極性表現の認可に関して (2) のような非対

---

[2] Kishimoto (2018) で扱われたタイプの否定極性表現であるが，ここで議論されている事実は，Kishimoto (2001, 2017) の主張を支持することになる．

称性が観察される．

(2) a. John didn't buy anything.
    b. *Anyone didn't buy the book.

(2a) で示されているように，他動詞の目的語として現れる否定極性表現は認可される．英語の通常の否定文では，否定要素の作用域が TP にまで及ばないために，(2b) のように，主語として現れる否定極性表現は認可されない．ただし，(3) のように否定要素が主要部移動によって TP よりも上位の位置に移動した場合には，主語位置にある否定極性表現も認可される．

(3) Who didn't anyone see?

(3) の疑問文において，主語の否定極性表現の anyone が認可されるのは，否定の not が TP をその否定の作用域に収める位置に移動しているからである (Laka (1994))．

　それでは，なぜ，日本語では，単純な否定文においても主語位置まで否定の作用域が及ぶのであろうか．Kishimoto (2017) は，FinP が TP の上位に投射されるという Rizzi (1997, 2004) の分析を採用し，日本語の否定辞の「な（い）」が T を経由して Fin への主要部移動を起こすと提案している．ここで重要な点は，Neg の主要部位置にあった否定辞の「な（い）」が T を経由して Fin に移動すると，(4) で示されているように，否定の作用域が TP に及ぶことである．

(4) [FinP [TP 主語 [vP 目的語　動詞-な]-な-い] な-い-Fin]

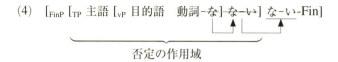
否定の作用域

主要部移動の結果，否定辞の「な（い）」は，NegP よりも構造的に上位の位置の Fin に位置し，否定辞が TP をその作用域に収めるため，否定極性表現は主語として現れても目的語として現れても認可され，主語・目的語の非対称性が観察されないことになる．（「な（い）」が Fin への主要部移動を起こさなければ，否定の作用域は動詞句（vP）にしか及ばない．）

第1章 否定極性表現と主語の構造位置 23

　日本語では，主格主語は TP の指定部に現れるが，単文では，「ない」の
否定の作用域が TP に及ぶため，主語の否定極性表現が認可される．しか
し，上昇構文である「いる」の補助動詞構文では，否定が埋めこみ節に現れ
た場合には，主節の TP まで否定の作用域が及ばないために，主格主語が節
の主語位置（Spec-TP）に移動するかどうかを検証することができる．[3]
　まず，補助動詞構文は，テ形の本動詞の後に現れる補助動詞の種類によっ
て上昇構文を形成する場合とコントロール構文を形成する場合がある．例え
ば，（5a）の「いる」の補助動詞構文は上昇構文を形成するが，（5b）のよう
な「おく」の補助動詞構文ではコントロール構文が形成される．

(5) a.　子供が絵本を読んで<u>いる</u>．
　　 b.　子供が絵本を読んで<u>おいた</u>．

(5) の 2 つのタイプの補助動詞構文で特徴的な点は，（6）と（7）で示され
ているように，否定辞が現れることが可能な個所が 2 つあることである．

(6) a.　子供が絵本を読んで<u>いない</u>．
　　 b.　子供が絵本を読ま<u>ない</u>でいる．
(7) a.　子供が絵本を読んでおか<u>なかった</u>．
　　 b.　子供が絵本を読ま<u>ない</u>でおいた．

上昇構文とコントロール構文の区別は，否定辞の位置には関係なく決まる．
このことは，Carnie (2006)，Kishimoto (2017) が議論しているように，
無生物主語や（主語をイディオム要素として含む）文イディオムの埋め込み
を許すかどうかによって確認することができる．

(8) a.　いまだに，雨が {降っていた／降っていなかった／降らないでい
　　　　た}．
　　 b.　いまだに，あの店でも閑古鳥が {鳴いていた／鳴かないでいた／
　　　　鳴いていなかった}．

---

　[3] 主格は T によって認可される格なので，日本語の TP への主語移動の要請（EEP の要
請）は，主格の認可を行う T に課されるとすることができる (Kishimoto (2017))．

「いる」の補助動詞構文では，無生物主語が許される．またイディオムの解釈を保持したままでの文イディオムの埋め込みが可能である．これに対して，「おく」の補助動詞構文では，無生物主語や文イディオムの埋め込みができない．

(9) a. *雨が {降っておいた / 降らないでおいた / 降っておかなかった}.
　　b. #この店では閑古鳥が {鳴いておいた / 鳴かないでおいた / 鳴いておかなかった}.

無生物主語をとる (9a) は意味的に逸脱する．また，(9b) のようにイディオムの意味を維持したままで，文イディオムを「おく」の補助動詞構文に埋め込むこともできない（ただし，文字通りの解釈は可能である）．

　無生物主語や文イディオムに関する事実は，「ない」が埋め込まれた動詞の後に続いても補助動詞の後に続いても変わらない．「いる」の補助動詞構文は，否定の位置にかかわらず，上昇構文を形成し，「おく」の補助動詞構文は，否定の位置にかかわらず，コントロール構文を形成するのである．

　上昇とコントロールの違いは，主節の動詞が主語を選択するかどうかの違いに由来する．上昇構文においては，主節の動詞が主語を選択せず，埋め込み節の動詞の主語が文の主語位置（主節の Spec-TP）に上昇する．(5a) の「いる」の補助動詞構文は，主語が下位節にある主動詞によって選択される構造を持つ上昇構文である (Kishimoto (2017))．

(10)　[TP 子供が i [TP t_i 絵本を　読んで] いた]

(5a) の上昇構文では，「いる」が主語を選択しないために，(10) で示されているように，埋め込み節の主語は主節の主語位置に上昇する．

　これに対して，コントロール構文では，埋め込み節の主語には発音されない代名詞の PRO が現れ，主節の主語として動作主・経験者が現れる．PRO の先行詞は主節の主語にコントロールされる．

(11)　[TP 子供が [TP PRO　絵本を　読んで] おいた]

第1章　否定極性表現と主語の構造位置　　25

主節の補助動詞「おく」は主語を選択する．したがって，(5b) の「おく」の
コントロール構文では，埋め込み節にある本動詞のとる主語が PRO として
現れる．この PRO は，主節の主語位置（Spec-TP）に現れる主語によって
コントロールされなければならない．

　上昇構文とコントロール構文には構造の違いがあるため，構文のタイプに
より否定極性表現の振る舞いに違いが観察される．「いる」の上昇構文では，
否定辞が主節と埋め込み節のどちらにも現れうる．(6a) では否定辞の「な
い」が「いる」に付加され，(6b) では否定辞の「ない」が本動詞の「読む」
に付加されている．否定辞の現れる位置から，(6a) は主節の TP まで否定
の作用域が及ぶが，(6b) の場合には埋め込み節の TP までしか否定の作用
域が及ばないと考えられる．

　本動詞が否定されている (6b) の上昇構文において否定の作用域が主節ま
で及ばないのであれば，主語が主節の主語位置に上昇する場合には，主語の
否定極性表現は認可されないことが予測される．これに対して，主語が主節
の主語位置に上昇しない場合には，主語の否定極性表現は認可されることが
予測される．実際に，本動詞に「ない」が後続する (12) は，主格主語の否
定極性表現が認可されない．

(12) a. *山田さんしかこの本を読まないでいた．
　　 b. 　山田さんがこの本しか読まないでいた．

(12a) の例から，主格主語は，主節の主語位置まで上昇していることがわか
る．(12b) で示されるように，目的語の否定極性表現は，「ない」が本動詞
の右隣に現れても認可される．これは，目的語が移動を起こさず埋め込み節
にとどまるためである．[4]

　否定辞が埋め込み節に現れている (6a) の「ないでいる」構文では，否定
の作用域が主節の TP まで及ばないことは，付加詞の否定極性表現を用いて
検証できる．「ないでいる」構文では「ない」が定形節の TP に付加される時

---

　[4] (12a) と (12b) の間で容認性に違いがないと報告する話者もいる．このような話者は，
「て」形節を超えた位置にある否定極性表現の主語を「ない」が認可すると考えられる．本
章の議論は，(12) の「しか〜ない」の認可に違いを認める話者の判断に基づく．

間副詞「昨日しか」を認可しないからである.

(13) a. *学生が昨日しか本を読まないでいた.
     b. 学生が少ししか本を読まないでいた.

時間副詞「昨日」は,過去の出来事を表す文では現れるが,現在あるいは未来の出来事を表す文には現れない（「学生が昨日 {走った/*走る}」）.したがって,「昨日」は,定形の時制句 TP に付加されると考えられる.(13a)で示されているように,主節の TP に付加される「昨日しか」が認可されないことから,「ない」の作用域は主節の TP に及んでいないことがわかる.これに対して,付加詞「少し」は,埋め込み節の動詞「読む」を修飾し,「読む」から投射する動詞句に付加される.(13b)の否定極性表現の「少ししか」は「ない」の作用域内にある埋め込み節に現れるので認可される.

　日本語の単文では,否定の作用域が TP に及ぶ.このことは,（移動を起こさない）付加詞の分布から検証できる.単文において時間副詞は,「少し」と同様に「しか」が付いて否定極性表現になっても認可される.

(14) a. 学生が昨日しか教科書を読まなかった.
     b. 学生が少ししか教科書を読まなかった.

もう1つの分析として,日本語の否定の作用域は TP まで及ばないものの,主語が動詞句内にとどまるために,主語の否定極性表現が認可されるとする提案がある (Kato (1985), Aoyagi and Ishii (1997), Shibata (2015) など).しかし,(14) の事実は,主語が指定部に存在する TP まで否定の「ない」の作用域が及んでいることを示している.

　自動詞は非能格動詞と非対格動詞に分かれる.この2つのタイプの動詞の主語の位置に関しては,影山 (1993) などにより,動詞のタイプにより位置が異なるという提案がなされている.しかし,Kishimoto (2010) では,どちらのタイプの主語も TP の指定部に存在すると議論されている.主節の主語として否定極性表現が現れる「ないでいる」構文においては,本動詞が非対格動詞であっても非能格動詞であっても,主語の否定極性表現は認可されない.

(15) a. *上級生しか走らないでいる.

b. *上級生しか倒れないでいる.

(15) の事実は，非対格動詞の主語も非能格動詞の主語も埋め込み節の「な
い」の作用域の外にあることを示している．したがって，非能格動詞と非対
格動詞の主語はともに文の主語位置（主節の TP の指定部）に移動すること
がわかる．

　次に，数量詞の分布について考えてみる．日本語の数量詞は，（16）で示
されるように，名詞句を直接修飾してもよいが，遊離数量詞として意味的に
修飾する名詞句の外側に現れてもよい.

(16) a. {3 人の学生が/学生が 3 人} その論文を読んだ.

b. 学生が {2 本の論文を/論文を 2 本} 読んだ.

数量詞表現に「しか」が付いた否定極性表現は，主語から遊離された場合に
は，「ないでいる」構文に現れることができる.

(17) a. 学生が 3 人しか本を読まないでいる.

b. 学生が論文を 2 本しか読まないでいる.

Miyagawa (1989a) でも議論されているように，遊離数量詞は明示的に現
れる主語や目的語に付くこともできるが，移動の結果，元位置に残された発
音されない痕跡（コピー）に付くことも許される．（17a）の「しか」を伴う
遊離数量詞は，埋め込み節の動詞句主語の痕跡（コピー）に付くことができ
るので，埋め込み節に現れる否定辞「ない」によって認可される．ただし，
同じ数量詞が現れても（18）は容認性が低い.

(18) *学生 3 人しか走らないでいる.

(18) の主語の「学生」には格標示が現れていないが，「*学生 3 人しかが」
という表現は不可能である．（18）の「しか」は「学生 3 人が」という名詞句
に対して付加されるために，主語に主格の格標示が現れていないのである．
(18) の数量詞「3 人」は，「遊離 (float)」されているではなく，名詞句の内

部で「転移 (flip)」を起こしている．(18) の「しか」を伴っている数量詞は，主語の名詞句内に存在する．「ないでいる」構文において，主節に位置する主語は，埋め込み節の「ない」の否定の作用域外である主節の TP の指定部に現れる．そのため，(18) の否定極性表現の「3 人しか」は認可されない．

　上昇構文の主語は埋め込み節に由来されるため，主語と関係づけられる遊離数量詞を含む (17a) は意図する意味で容認される．しかし，コントロール構造をとる「ないでおく」構文においては，(19) で示されているように，「しか」を伴う主語否定極性表現も「しか」を伴う遊離数量詞も容認されない．

(19) a. *子供しかグランドを走らないでおいた．
　　 b. *子供が2人しかグランドを走らないでおいた．

(17a) と (19b) の文法性の対比が示すように，コントロール構文の遊離数量詞は，上昇構文の遊離数量詞とは異なる分布を示す．しかし，「しか」が付いた主語指向性描写述語（二次述語）の「裸足で」は，(20) が示すように，「ないでいる」の上昇構文でも「ないでおく」のコントロール構文の両方で容認される．

(20) a. 　子供は裸足でしか走らないでいる．
　　 b. 　子供は裸足でしか走らないでおいた．

(19b) と (20b) はともにコントロール構文を形成している．そうすると，(19b) の遊離数量詞と (20b) の主語指向性描写述語は，ともに主語から離れた位置に現れているのに，なぜ異なる振る舞いが観察されるのかという問題が生じる．

　遊離数量詞と主語指向性描写述語の振る舞いの違いは，主節の主語がどのように派生されるかという問題と関係する．まず，上昇構文では，(21a) のように，埋め込み節の主語が埋め込み節から主節に上昇するため，「ない」の作用域内に収まる埋め込み節の動詞句内で遊離数量詞（NQ）や主語指向性描写述語（SP）を生起させることが可能である．

第 1 章　否定極性表現と主語の構造位置　　　　29

(21) a. [主語$_i$ (NQ/SP)　[　[t_i　(NQ/SP)　　　動詞-te]　i]-ru]

b. [主語 (NQ/SP)　　[　[　PRO (*NQ/SP)　動詞-te]　ok]-u]

しかし，コントロール構文では，(21b) で示されるように，埋め込み節には
主語の痕跡（コピー）ではなく，主語によってコントロールされる代名詞
PRO が存在する．(20b) が容認され (19b) が容認されないという事実は，
主語指向性述語が PRO に隣接する位置に現れることができるのに対して，
遊離数量詞が PRO と隣接する位置に起こることができないことを示唆して
いる．

　遊離数量詞が PRO に隣接する位置に生じないことを示す経験的な証拠が
ある．そのことを見るために，(22) の埋め込み節について考えてみる．

(22)　[明日 PRO ここで走るように] 先生が学生を説得した．

(22) の埋め込み節の主語は PRO であるが，PRO は「説得する」が選択す
る目的語の「学生」にコントロールされる．

　(23a) のように，コントロール構文の主節に現れる遊離数量詞に対して
は，主節の動詞「説得する」の目的語の「学生」を修飾する「先生が 3 人の
学生に対して彼らが走るように説得する」という解釈が得られる．しかし，
(23b) のコントロール節内にある遊離数量詞「3 人」は「学生」から遊離し
た解釈が得られない．(23b) で可能な解釈は，「先生が学生を説得した結果，
ここで走ることになる人が 3 人いる」というものである．

(23) a.　[明日ここで走るように] 先生が学生を<u>3 人</u>説得した．

b. #[明日<u>3 人</u>ここで走るように] 先生が学生を説得した．

c.　[明日<u>裸足で</u>走るように] 先生が学生を説得した．

(23b) で可能な解釈は，「3 人」が「走る」の主語となっている場合に得られ
るもので，(23a) の「3 人」が遊離数量詞として「学生」を修飾する解釈と
同じにならない．これに対して，(23c) では，「学生が裸足で走る」という，
「裸足で」が「学生」を叙述する解釈が得られる．このことから，PRO は遊

離数量詞のホストにはならないが，主語指向性の描写述語に対してはホストになれることがわかる．(23)の事実から，遊離数量詞は，上昇構文の埋め込み節に現れると，主節にある名詞句と関係づけられるのに対して，コントロール構文の埋め込み節に現れた場合には，PROをコントロールする名詞句に関係づけられないことがわかる．

　以上の観察から，「ないでいる」の上昇構文と「ないでおく」のコントロール構文に現れる遊離数量詞と主語指向性描写述語の否定極性表現の事実は以下のように説明できる．「ないでおく」のコントロール構文の主語に関係づけられる遊離数量詞は，PROのある埋め込み節内には現れることができず主節のみに起こることができる．したがって，主語に「しか」が付いた(19a)や遊離数量詞に「しか」が付いた(19b)は容認されない．しかし，主語指向性描写述語は埋め込み節のPROと共起できるので，主語指向性描写述語に「しか」が付いた(20b)は容認される．「ないでいる」構文では，主語が埋め込み節から主節に上昇する．この場合，遊離数量詞は埋め込み節に現れることができるため，(17a)は適格となる．同様に，主語指向性描写述語も埋め込み節に現れることができるので，埋め込み節に現れる否定の「ない」によって認可され，(20a)も適格になる．

　ここまでは，主格主語が動詞句内から移動することによって節の主語位置であるTPの指定部に現れることを見てきた．しかし，日本語では，(24)で示されているように，主語は主格以外の格で標示されることもある．

(24) a. 山田さんにその家が見える．
　　 b. 私から彼に話しかけました．
　　 c. 子供（たち）で遊んでいる．

(24a)は与格主語の例で，日本語では，「見える」などの状態の意味を表す他動詞が与格項（経験者項）をとることができる．[5] (24b)は主語が「から」で標示されている．主語に「から」格の標示が現れるのは，主語がある種の

---

[5] 与格主語は，柴谷(1978)の「主格保持の原則」により目的語が主格で標示される場合に限られる．「主格保持の原則」は日本語の言語特有の規則であるが，以下でも見るようにこの原則が当てはまらない構文も存在する（Kishimoto (2010, 2016)を参照）．

第1章　否定極性表現と主語の構造位置　　31

起点を表していると認められる場合である．（24c）のように主語が「で」で標示される場合には，主語は複数の人間の存在が認められる必要がある．したがって，「*太郎で遊んでいる」のような文の「太郎で」は主語としては解釈できない．

　（24）の下線部の項が統語的に主語として機能していることは，主語テストを用いて検証できる．日本語において最もよく用いられる主語テストは再帰代名詞化と主語尊敬語化である．まず，（24）の下線が引かれた項は，すべて再帰代名詞「自分」の先行詞となることができる．

（25）a.　山田さん$_i$に自分$_i$の子どもの姿が見えなかった．
　　　b.　私$_i$からも自分$_i$のことを話した．
　　　c.　子供$_i$で自分$_i$（たち）のことを考えた．

次に，（26）で示されているように，（24）の下線が引かれた項は，主語尊敬語化において尊敬の向けられる対象となる．

（26）a.　先生にはその子どもがお見えにならない．
　　　b.　先生からもその学生にお話しになった．
　　　c.　先生でお集まりになった．

再帰代名詞化と主語尊敬語化は，主語指向性があるので，（25）と（26）の事実から，（24）の下線の項は統語的に主語として機能していることがわかる（柴谷（1978）などを参照）．日本語においては，（条件を満たせば）主語を主格以外の格で標示することができるのである．

　ここで「しか」の否定極性表現を用いて，主格以外で標示された主語がどのような構造位置に現れるかを検証する．「しか」が付加されることによって否定極性表現になった「から」格と「で」格の主語は，（27）のように，「ないでいる」構文において認可される．

（27）a.　いまだにお母さんからしか子供に話せないでいる．
　　　b.　いまだに子供たちでしか集まらないでいる．

（27）の事実は，「から」格主語と「で」格主語が埋め込み節内にとどまって

いること，つまり，これらの主語が主語移動を受けないことを示している．
これに対して，主語が与格の「に」で標示されている「ないでいる」構文で
は，与格主語に「しか」を付加すると容認されない．主格目的語に「しか」
を付加した場合は容認される．

(28) a. *いまだに山田さんにしかその字が書けないでいる．

　　 b. 　いまだに山田さんにはその字しか書けないでいる．

(28) の文法性の対比から，与格主語構文に現れる与格主語は，主格主語と
同じように，主節への移動を受けることがわかる．

　それでは，なぜ主語の格標示の違いによって主語移動の可能性に違いが出
るのであろうか．この違いは，時制要素の性質に由来すると考えられる．ま
ず，「に」格主語を含む (24a) のような文には，柴谷 (1978) の言う「主格
保持」の原則により，「が」格名詞句が節内に現れることが必要である．し
たがって，「*山田さんにその家を見える」は非文法的になる．これに対し
て，「から」格と「で」格の主語を含む文は，節内に「が」格名詞句を含まな
くてもよい環境となっている (Kishimoto (2016))．そのため，「が」格名詞
句が現れない (24b) や (24c) の文は容認される．

　一般に定の時制要素は「が」格を認可することができる (Takezawa
(1987), Kishimoto (2001))．また，時制に「が」格を認可する文法素性が
含まれる時には，節の主語の要請 (EPP の要請) が課される．そうすると，
主格主語構文と与格主語構文の時制要素 T には EPP 素性が含まれ，(29a)
のように，主語移動が起こるとすることができる．

(29) a. [$_{TP}$ 主語-が/-に $_i$ [$_{vP}$ t_i 　　　　　　　　動詞] T]

　　 b. [$_{TP}$ 　　　　　　　　[$_{vP}$ 主語-から/主語-で　動詞] T]

(主格主語を含まない) 斜格主語の「から」格主語と「で」格主語構文におい
ては，T が「が」格を認可する必要がなく，T は不活性になる．その場合に

は，T が EPP 素性を持たないため主語の移動は起こらないのである．[6]

3. 形容詞述語文

動詞述語文では，否定辞移動の結果，（TP の指定部にある）主語が否定の作用域内に収まる．しかし，形容詞述語文では否定の作用域は主語にまで及ばず，単文においても否定極性表現の認可に関して主語と補語の間で非対称性が観察される．

(30) a. *今日は映画しか楽しくない．
　　 b. *この道具しか便利でない．

(30a) の述語は形容詞「楽しい」であり，(30b) の述語は形容動詞「便利だ」である．(30) の文においては，否定極性表現が認可されない．しかし，他動的な形容詞・形容動詞がとる補語の否定極性表現は認可される．

(31) a.　彼はあの人にしかやさしくない．
　　 b.　彼は子供にしか親切でない．

(31) の文が適格であるという事実は，(31) の補部要素が形容詞と共起する「ない」の否定の作用域内に現れていることを示している．(30) と (31) の事実は，形容詞述語文の否定の作用域が主語位置まで及ばないことを示している．

(32) の付加詞の振る舞いも，形容詞述語文に現れる否定辞「ない」が形容詞から投射した形容詞句（aP / AP）をその作用域内に入れるが，否定の作用域は TP まで及ばないことを示している．

(32) a. *その番組は昨日しかおもしろくなかった．
　　 b.　その番組はほんの少ししかおもしろくなかった．

---

[6] 斜格主語構文でも「が」格名詞句が含まれると，主語の移動が起こることが予測されるが，この議論については Kishimoto (2017) を参照．

34 　　　　　　　　第 I 部　構文と格

(32a) の時間副詞「昨日」は TP に付加される．「昨日」に「しか」が付く否
定極性表現は認可されないので，形容詞述語文の否定辞「ない」の作用域は
TP に及んでいないことがわかる．[7]

　同様の事実は，他の種類の否定極性表現を見ることでも確認できる．ここ
では，形容詞を修飾する否定極性表現の「あまり」について見てみる．

(33) a.　日本人の<u>あまり</u>有名な選手が走っていない．
　　　b. *日本人の<u>あまり</u>有名な選手が走らないでいる．

「あまり」は，否定の作用域内で認可され，否定よりも狭いスコープをとる
解釈がある（「ない」＞「あまり」）．(33a) においては，「有名な」を修飾す
る「あまり」が「ない」の作用域内に入り，「あまり有名でない選手が走って
いる」と解釈できる．これに対して，(33b) では，「有名な」を修飾する「あ
まり」が「ない」の作用域内に入らず容認されない．これは，「ない」が埋め
込み節に現れて主節の主語位置まで否定の作用域が及ばないからである．

　形容詞述語文においては，動詞述語文とは異なり，主語と補語に対する否
定極性表現認可の非対称性が単文においても観察される．まず，(34) は，
主語の中に現れる「あまり」が「ない」によって認可されないことを示して
いる．

(34) a. *最近の<u>あまり</u>有名な映画はおもしろくない．
　　　b. *<u>あまり</u>あつかましい人は親切でない．

(34) においては，「あまり有名でない映画がおもしろい」や「あまりあつか
ましくない人が親切である」という解釈は得られない．これは，「ない」の
作用域が「あまり」の含まれる主語にまで及ばないからである．これに対し
て，(35) では，形容詞の補語に含まれる「あまり」は「ない」によって認可
される．

---

　　[7]　形容詞述語文の「しか〜ない」の認可の可能性については，述語の属性読みをする場合
に判断がはっきりするが，そうでない場合には，主語と補語の違いがそれほどはっきりし
ないと判断する話者もいる．そのため，もう 1 つのタイプの否定極性要素を見ることにす
る．

第1章　否定極性表現と主語の構造位置　　35

(35)　彼はあまりあつかましい人に（対して）は親切でない.

(35) では,「彼はあまりあつかましくない人になら親切だ」という解釈が得られる. これは,「あまり」が「ない」の作用域内にあるために,「あまり」が認可されるからである.[8]

　以上の事実は, 形容詞述語文において否定の「ない」は,（36）で示されているように, 否定辞移動を受けないため, 主語が現れる TP までは作用域が及ばないことを示唆している.

(36)　[$_{TP}$ 主語 [$_{NegP}$ [$_{aP}$ [$_{AP}$　　補部　　　　A] a] Neg] T]

$$\underbrace{\qquad\qquad\qquad\qquad}_{\text{否定の作用域}}$$

形容詞述語文の主格で標示される主語は TP の指定部に移動する. 主格を認可する T に EPP の要請が課されるのであれば, 形容詞述語文の主語に TP への移動が起こることは十分に予測される. これに対して, 形容詞述語文では, 否定辞は主要部移動を起こさない. そのために, 否定の作用域は TP に及ばず, TP の指定部（主語位置）に現れる主語の否定極性表現は認可されない.

　否定の作用域を TP に拡張させる否定辞移動の可能性は, 時制辞よりも下の構造位置に現れる機能語とは直接には関係なく決まる. 例えば, 様態や推定を表す助動詞の「そうだ」は動詞とも形容詞とも結合する. この場合, 否定は「そう」の後に現れるが, 主語が否定の作用域に入るか否かは先行する主述語（語彙的な述語）の性質で決まるため,（37）と（38）のような分布が観察される.

(37) a. *田中さんしか優しそうでなかった.
　　 b. *あまり多くの俳優が優しそうでなかった.

(38) a. 　田中さんしかしゃべりそうでなかった.

---

[8]（34）のような形容詞述語文の主語には「は」を伴うことが多いが,「は」を伴っても「あまり」は認可されない. これに対して,（35）の「に」格名詞句に「は」が伴っても「あまり」は認可される. この場合の「は」は対比の意味を表す.

b. あまり多くの俳優がしゃべりそうになかった.

(37) の述語は形容詞であり, 否定の作用域は主語にまで及ばないため, (37) の主語の否定極性表現は認可されない. これに対して, (38) の述語は動詞であるため, 否定の作用域は主語に及び, 否定極性表現は認可される. これらの事実から, 「ない」が主要部移動を受ける要素であるかどうかは, 述語に後続する機能語のような付随要素の性質ではなく, 述語の性質によって決まることがわかる.

動詞と共起する「ない」は機能語としての性質を持つが, 形容詞と共起する「ない」は形容詞としての語彙的な性質を残している (Kishimoto (2007, 2008)). 「ない」は形容詞の活用をするので, もともとは形容詞として機能していたことがうかがえる. ただし, 現代日本語では, 動詞と共起する「ない」はその語彙的な性質がなくなっている. そのために, 否定の「ない」には主要部移動が起り, 否定の作用域が TP に及ぶ.

形容詞 (あるいは形容動詞) の活用をする要素が語彙的な性質を維持しているかどうかについては, (主語の判断の意味を表す)「思う」が選択する小節の述語として埋め込みができるかどうかによって判断できる. 形容詞・形容動詞は, (39) のように, 「思う」が選択する小節の述語として生起できる.

(39) a. 彼はあの人の行動をおもしろく思った.
    b. 私は彼女を魅力的に思う.

「思う」のとる小節への「ない」の埋め込みに関しては, 共起する述語のタイプによって異なる分布が観察される.

(40) a. ?彼はあの人のすることをおもしろくなく思った.
    b. *私はあの人を走らなく思う.

形容詞の否定形が「思う」の小節の述語として現れた (40a) は, 完全に容認可能ではないかもしれないが, 動詞の否定形が現れた (40b) と比べて容認性が高い. この事実から, 形容詞述語と共起する否定辞「ない」は, (完全に機能語になっているのではなく) 形容詞としての語彙的な性質を維持して

第 1 章　否定極性表現と主語の構造位置　　　37

いると考えられる.

　ちなみに,日本語の「ない」は形容詞と共起するか動詞と共起するかで,
(自立語と付属語に対応する) 異なる形態的な特徴を示す. しかし,「ない」
の作用域が TP に及ぶかどうかについては,「ない」と形態的な特徴とは必
ずしも相関しない. このことは,存在文に現れる「ない」と「要る」を否定
する「ない」の作用域の分布から検証できる.

(41) a.　あの学生にはその予習が {要らない / 要りはしない}.
　　　b.　彼にはお金がない.

(41a) の「要る」に付加される否定辞「ない」は,動詞に形態的に依存する.
したがって,「は」のような助詞が「要る」のうしろに起こると「ない」の前
に「する」が挿入され,「要りはしない」という形式が派生される.(41b) の
存在文の「ない」は単独で現れている. 伝統的な日本語文法 (国文法) では,
動詞に付随する「ない」は「助動詞」に分類され,否定の存在文に現れる「な
い」は「形容詞」に分類される (北原 (1981) などを参照). しかし,この分
類と「ない」の統語的な性質とは必ずしも一致しない.

　(41) の 2 つの構文においては主語の否定極性表現の認可に関して違いが
観察される.「要る」が述語となる文では,(42) のように「しか」の認可に
関して対格主語と主格目的語の間で非対称性が観察される.

(42) a. *あの学生にしかこの授業の予習が要らない.
　　　b.　あの学生にはこの授業の予習しか要らない.

(42a) で示されているように,「要る」がとる与格主語は否定の作用域の外
に現れる.(42) の事実から,「要る」と共起する「ない」の作用域は TP に
及ばないことがわかる. つまり,「要る」と共起する「ない」は主要部移動を
受けない否定辞なのである. これに対して,否定の存在文に現れる「ない」
は,「しか」の認可に関して主語と目的語の非対称性は観察されない.

(43) a.　あの学生にしかお金がない.
　　　b.　あの学生にはわずかなお金しかない.

(43) の存在文に現れる「ない」は形態的には自立している（自立語である）ために，このタイプの「ない」は形容詞として分類されることもある．しかし，(43) では，「しか」を含む主語と目的語はともに「ない」によって認可されるため，実際には，主要部移動を起こす機能要素であることがわかる.

　先にも見たように，形容詞述語に起こる「ない」は，形容詞としての性質を保持し，主要部移動を受けない．そうすると，「要る」と共起する「ない」も形容詞としての語彙的な性質を持っていることが予測される．この予測は，「要らない」を「思う」の小節に埋め込むことにより検証できる.

(44) a.　私はその授業の予習を要らなく思う.

　　 b. *私はそのお金をなく思う.

存在文に現れる「ない」とは異なり，「要る」と共起する「ない」は，「思う」がとる小節の述語として現れることができる．このことから，「要る」と共起する「ない」が形容詞としての語彙的な性質を持っていることがわかる.

　「要る」と共起する「ない」が語彙的な形容詞としての性質を持っていることは，「要る」が（動詞としての活用はするものの）動詞の語彙的な性質を失っていることと関連する．「要る」が完全な語彙的な動詞としての性質を保持していないことは，「要る」を「ほしい」に埋め込むことによって確認できる.

(45) a. *私は [彼に予習が要って] ほしい.

　　 b.　私は [彼に英語ができて] ほしい.

　　 c.　私は [彼にここに {いて / 来て}] ほしい.

Kishimoto (2007, 2008) が議論しているように，「ほしい」のとる「て」形補文節には，動詞を埋め込むことができる．これは状態動詞であっても非状態動詞であっても同じであるが，「要る」は例外的に「て」形補文節に埋め込むことができない (Kishimoto and Uehara (2016))．このことから，「要る」は動詞としての語彙的性質を失っていることがわかる．文法化により機能語になっている「ない」は，動詞の性質を示す要素と共起する．これに対して，動詞の性質を失っている「要る」は，語彙的な形容詞の性質を持つ「ない」

と共起するのである．

「要る」と共起する「ない」とは異なり，存在文で独立に（自立語として）
起こる否定の「ない」は，(44b) が示すように「思う」の小節に埋め込むこ
とができない．このことから，存在文に単独で起こる「ない」は語彙的な性
質を持たない機能語であることがわかる．つまり，否定の存在文に現れる否
定辞の「ない」は，範疇としては形容詞ではなく機能語であるため，主要部
移動を受ける．そのため，存在文では否定の作用域が TP に及ぶのである．

(41b) の存在文の述語の「ない」が否定の機能語であるとすると，「ない」
が自立する要素として機能するのは，Kato (1985) が主張しているような
以下の理由が考えられる．存在文に現れる「ない」は，もともと「ある＋な
い」の形を持っている．しかし，現代日本語では，「あらない→ない」のよ
うに，動詞の「ある」が削除されるため，形態的には独立して起こる（「な
い」には，「ϕ＋ない」のように，発音されない接辞のϕが前接するため，
全体としては自立語として機能すると考えてもよいであろう）．いずれにせ
よ，重要なのは，存在文の「ない」は形容詞ではなく，形態的に自立する機
能語の「ない」であるという点である．

第 2 章

ECM 構文

1. ECM 構文の特徴

　日本語の主語は，埋め込み節の中で対格（「を」格）で標示できる場合がある．（1a）は，埋め込み節の主語が主格（「が」格）で現れているので，通常の主格主語構文である．これに対して，（1b）は，埋め込み節の主語が対格で標示されている例外的格標示構文（Exceptional Case Marking（＝ECM）Construction）である．

> (1) a.　彼は真理がかわいいと {言った / 思った}.
>
> 　　b.　彼は真理をかわいいと {言った / 思った}.

（1b）の ECM 構文は，英語の John considered Mary to be cute. のような構文に対応する．補文節に ECM 構文をとることができる動詞には，（2）のようなものがある．

> (2) a.　思う，言う，考える，信じる，仮定する，など
>
> 　　b.　みなす，とる

（2a）の動詞は，対格の ECM 主語が現れる埋め込み節も通常の主格主語が現れる埋め込み節もとることができる．（2b）の動詞は，ECM 構文のみを埋め込み節として選択する（埋め込み節の主語が常に対格で標示される）動

詞である.

　ECM 構文において問題となるのは，対格主語がどのような構造位置を占
めるかということである．このことに関しては，基本的に 2 つの分析が可
能である．1 つは，主節に位置するという分析で，もう 1 つが埋め込み節に
位置するという分析である．ECM 構文の主語が主節にあるという分析は，
(3a) のように，埋め込み節から主節の目的語位置に移動するという分析
(Kuno (1976)，Sakai (1998)，Tanaka (2002)) と，主節にある項が埋め
込み節内にある発音されない代名詞（pro）を束縛するという分析（Hoji
(1991)，Takano (2003)) にさらに分かれる．

(3) a. $[_{CP}$　　　　Sub-ACC$_i$　　$[_{CP}$　t$_i$/pro$_i$　　　]]
　　 b. $[_{CP}$　　　　　　　　　　 $[_{CP}$　Sub-ACC　　]]

ECM 構文の対格主語が埋め込み節にあるという分析は，Kaneko (1988)，
Hiraiwa (2005)，Takeuchi (2010)，Taguchi (2015) などに見られるが，
ECM 構文の対格主語は主格主語よりも高い構造位置を占めると主張されて
いる．ちなみに，Hiraiwa (2005) は，ECM 主語は基本的に埋め込み節に
とどまるが，主節の目的語位置に移動する場合もあると主張している．

　本章では，ECM 構文の対格主語が埋め込み節にとどまることを示す．た
だし，Hiraiwa (2005) とは異なり，ECM 主語は，主節の目的語位置には
移動しない（目的語位置への A-移動を起こさない）ことも示す．そのこと
を論ずる際に，Hiraiwa (2005) の主張の根拠となった「も」の未確定代名
詞束縛（indeterminate pronoun binding）のデータが裏付けとならないこと
を示し，本論の主張を支持する証拠を提示する．さらに ECM 主語が主格
主語よりも高い構造位置を占めることを示す経験的な証拠も提示する．

　本論の主張に対する経験的な証拠の考察に入る前に，(4) のような対格名
詞句に「こと」が現れる構文について見ておくことにする．

(4)　彼は真理の<u>こと</u>をかわいいと {言った/思った}.

(4) は，ECM 構文と似た構文であるが，主節の動詞「言う/思う」が対格
(「を」格) 名詞句を選択するいわゆる大目的語構文 (Major Object Con-

struction) である．(4) の構文は，英語の John said of Mary that she was cute. に対応する．(1b) と (4) は，それぞれ (5a) と (5b) で示される異なる統語構造を持っている．

(5) a.　彼は [真理をかわいいと] {言った/思った}．

b.　彼は真理のことを [pro かわいいと] {言った/思った}．

ECM 構文とは異なり，大目的語構文では，埋め込み節の pro が主節の「こと」名詞句と同一指示を持つ．従来，(1b) と (4) の構文は区別されずに議論されることが多かった (Hoji (1991), Hiraiwa (2005) など)．しかし，これらの構文に現れる「を」格名詞句が異なる構造位置を占めることは，(6) のように，「を」格名詞句を「と」節の右側に置いた場合に観察される文法性の違いに反映される (Kuno (1976))．

(6) a.　*彼はかわいいと真理を {言った/思った}．

b.　彼はかわいいと真理のことを {言った/思った}．

(6) の事実は「を」格名詞句が「こと」を伴うか伴わないかで構造が異なることを示唆している．(6a) は，いわゆる適正束縛条件 (Proper Binding Condition) の違反の効果を示している (Fiengo (1977), May (1985))．ECM 主語が埋め込み節にあるならば，(6a) の非文法性は，(7) で示されているような派生を経るために生じると考えられる (Saito (1989))．

(7) a.　彼は [真理をかわいいと] 思った．

b.　[彼は真理を$_i$ [t_i かわいいと] 思った]

c.　[彼は [t_i かわいいと]$_j$ 真理を$_i$ t_j 思った]

(7b) の ECM 主語の「真理」は，もともと埋め込み節内にあるが，主節に移動している．その後に，(7c) の埋め込み節が「真理」を越えて移動する．(7c) の構造では，先行詞の「真理」が t_i で表されている位置にある埋め込み節内の痕跡（コピー）を c-統御していないので，適正束縛条件の違反とな

る．そのため，(6a) は，非文法的になる．

　これに対して，(5b) の大目的語構文の「真理のこと」は，埋め込み節にあるのではなく，(8a) のように最初から主節に現れているため，(6b) は適格な文となる．

　(8) a.　[彼は [真理のことを [pro かわいいと] 思った]
　　　b.　[彼は [pro かわいいと]ᵢ 真理のことを tᵢ 思った]

(8a) の大目的語構文の埋め込み節の主語位置には発音されない代名詞 pro があり，主節にある「真理」と同一指示になる．そのため，対格標示される「真理」は，「かわいい」の意味上の主語と解釈される．代名詞が同一指示になるためには，必ずしも先行詞に c-統御される必要はない．もともと「を」格項が主節にあると，埋め込み節には移動で残された痕跡（コピー）は存在しない．したがって，(5b) の文では，(8b) のように，埋め込み節を「を」格項よりも構造的に上位の位置に移動させても適正束縛条件の違反とはならない．

　(6a) と同じ効果は，(9a) の場所項「韓国へ」を埋め込み節の右側に置いた (9b) においても観察される．(9b) の非文法性は，「韓国へ」が補文節の中に現れる項であるのにもかかわらず，補文節の右側に置かれていることによる．

　(9) a.　隆史は [真理が韓国へ向かったと] 思った．
　　　b. *隆史は [真理が向かったと] 韓国へ思った．

(9b) では，まず，(10a) のように，「韓国へ」が主節に移動し，その後，(10b) のように，埋め込み節が「韓国へ」を超えて左側に移動する．

　(10) a.　[隆史は 韓国へᵢ [真理が tᵢ 向かったと] 思った]
　　　b.　[隆史は [真理が tᵢ 向かったと]ⱼ 韓国へᵢ tⱼ 思った]

44   第 I 部 構文と格

(9b) に対して与えられる (10b) の構造では,「韓国へ」が元位置に残され
た痕跡（コピー）を c-統御できない．そのため，(9b) においては，適正束
縛条件の違反効果が現れる．

　英語の ECM 構文については，ECM 主語が主節の目的語位置へ移動する
と分析されることもある（例えば，Postal (1974)）．また，補文標識が現れ
ないために，補部節は TP までしか投射しない（つまり，CP は投射しない）
と分析されることもある (Chomsky (1986))．

(11)　John considered [$_{TP}$ Mary to be honest].

(11) のような構造では，CP の投射が存在しないため，主節の動詞が埋め
込み節の主語の対格を認可することができる．しかしながら，日本語の
ECM 構文は，TP 補文をとるとすることができない．英語の ECM 構文と
は異なり，日本語の ECM 構文は，補文標識が義務的に現れるため，補文
節には CP の投射がなければならないからである．

　日本語の ECM 構文において，主節の動詞が埋め込み節の主語の対格
（「を」格）を認可していると考えられる．この見方の妥当性は，ECM 動詞
が「を」格目的語をとる (12) の例が文法的であることによって経験的に裏
付けられる．

(12) a.　彼は自分の希望を言わなかった．
　　 b.　母親は常に息子の行く末を思っている．

ECM 主語の「を」格が主節の動詞によって認可されるのであれば，ECM
主語は（「を」格の認可のために）主節動詞から接近可能な位置になければな
らない．TP 内の要素に対しては CP の外からは接近可能でないため，TP
内の要素を CP 外の要素と関係づける操作は可能でないと考えられる．[1] そ
うすると，ECM 構文の主語は，(13b) で示されているように，CP の指定
部になければならないことが予測される．

---

　[1] このことは，PIC (Phase Impenetrability Condition) から説明することができる
(Chomsky (2000, 2001, 2008))．CP はフェイズ (phase) であるため，CP の外部にある
要素は TP 内部にある要素に対しては接近不可能である．

第 2 章 ECM 構文　　　　　　　　　　　　45

(13) a.　[　　　　[$_{CP}$　　　　　　[$_{TP}$ 主語-が　　　Pred]] 思う]

　　 b.　[　　　　[$_{CP}$ 主語-を　[$_{TP}$　　　　　　　Pred]] 思う]

日本語の主格主語は TP の指定部に存在する．対格標示される ECM 主語が CP 内に存在するならば，ECM 主語は，CP 指定部へ A-移動を起こしていることになる（第 5 章 2 節参照）．以下で見るように，対格主語は埋め込み節内に存在するものの，主格主語よりも高い構造位置に存在することを示す経験的な証拠がある．

　ECM 構文の対格主語が埋め込み節にあることは，「そう」の置き換えの事実を見るとわかる．まず，(14) で「そう」は「と」節を置き換えることができることを確認しておく．[2]

(14)　A:　　太郎は [花子が学部生だと] 言った．

　　　 B$_1$:　次郎もそう言った．

　　　 B$_2$:　*次郎も [花子がそう] 言った．

　　　 B$_3$:　*次郎も [そうと] 言った．

(14) の A の発話が先行文脈で，「言う」のとる「と」節に対して「そう」の置き換えが起こった場合には，B$_1$ と B$_2$ の発話の文法性の対比からわかるように，埋め込み節の主格主語を表出することができない．また，B$_3$ からわかるように，「そう」の置き換えでは補文標識の「と」が表出できない．このように，「そう」の置き換えは，補文標識の「と」を含むので，(15) で示されているように，「そう」は埋め込み節全体（CP）を置き換えると言うことができる．[3]

---

　[2]「言う」とは異なり，「思う」は小節を補部にとることができる（「太郎が花子をかわいく {*言った/思った}」）．「思う」の場合，先行の ECM 構文を小節構文に解釈すると，「かわいく」の部分を「そう」で置き換えられるようになるため，テストとしては適切でない可能性がある．そのため，「そう」の置き換えのテストでは，「言う」を用いて，「思う」を使用しない．なお，「そう」の置き換えのテストは容認性に関して話者で判断の違いが出る場合もある．

　[3] (14 A) に対して「次郎も [そうだと] 言った」とも続けることができるが，この場合の「そう」は，コピュラが後続していることから，節を置き換えているのではなく，「次郎も [pro そうだと] 言った」のように，埋め込み節の述語を置き換えていることがわかる．埋め

46 　第 I 部　構文と格

(15)　[….. [CP [TP 　　　] と] 言った]
　　　　　　　 ⎵
　　　　　　　そう

「そう」の置き換えは埋め込み節（「と」節）の CP をターゲットとする操作であるため，この操作が適用された文では，埋め込み節の中にある主格主語は表出することができないのである．

　「そう」の置き換えは，「と」節を置き換えるが，「と」節の外側にある要素を置き換えるわけではない．したがって，(16) のコントロール構文に「そう」の置き換えが適用された場合，「に」格項を表出しても問題はない．

(16)　A:　太郎は花子に [PRO 教科書を買う（つもりだ）と] 言った．
　　　B:　次郎も花子にそう言った．

(16A) の文は，主語が埋め込み節の PRO をコントロールする．「に」格の「花子」は「言う」の選択する項であり，意味的にも統語的にも埋め込み節とは関係しない．(16A) の「花子に」は「と」節の外部にあるので，「と」節が「そう」によって置き換えられても，「花子に」は，(16B) で示されているように，「そう」とともに表出できる．[4]

　ここで，ECM 構文における「そう」の置き換えを見てみる．(17) の A の発話が先行文で，続く発話が B₁ のように，「そう」による「と」節の置き換えが起こった場合には，対格主語が現れると非文法的になるが，B₂ の発話のように対格主語が現れないと適格である．

(17)　A:　太郎は [花子を大学院生だと] 言った．
　　　B₁:　*次郎も花子をそう言った．
　　　B₂:　次郎もそう言った．

「そう」の置き換えは CP の置き換えが関わるので，(17) の事実から，

込み節の主語は発音されていない pro なので，「そうだ」を使用すると，「次郎も [花子がそうだと] 言った」と同様に，(14A) の後に続けることができる．

[4] (16b) において「花子に」は表出されなくてもよい．これは「花子に」の位置に現れる要素が発音されない代名詞の pro であってもよいからである．

ECM 構文の対格主語は，主格主語と同じように，埋め込み節内に現れていると言うことができる．

　大目的語構文は，「そう」の置き換えにおいて ECM 構文とは異なる振る舞いをする．大目的語構文では，「を」格で標示される項は主節に現れる．したがって，(18) に示されているように，「を」格項を残したままでの「そう」の置き換えが可能である．

(18)　A:　太郎が花子のことを大学院生だと言った．
　　　 B:　次郎も<u>花子のことを</u>そう言った．

「こと」を伴う「を」格名詞句は「そう」の置き換えが適用される領域の外の主節に現れるので，(18) の B の発話は容認されるのである．(17) と (18) の事実は，埋め込み述語の意味上の主語と解釈される「を」格名詞句は，「こと」を伴うか伴わないかで構造上の位置が異なることを示している．

　(6) の事実とともに，(17) と (18) の「そう」の置き換えの事実も，「を」格主語が埋め込み節内に存在する ECM 構文が（「を」格名詞句が主節に現れる）大目的語構文とは構造的に区別されなければならないことを示している．

　先にも見たように，ECM 主語の構造位置については，主節にあるという見方と埋め込み節にあるという見方があり，議論が分かれる (Kuno (1976), Tanaka (2002), Sakai (1998), Takeuchi (2010))．Hiraiwa (2005) は，(19a) のような ECM 主語構文では，対格主語が基本的には埋め込み節内にあるが，ある環境においては，主節への移動（随意的な A-移動）が起こると主張している．Hiraiwa がこのことを示す根拠として，「も」による未確定代名詞束縛の例を挙げている．まず，(19b) のような文における「も」の未確定代名詞束縛は適格である．

(19)　a.　私は彼を大学院生だと言っていない．
　　　 b.　私は<u>誰</u>を大学院生だと<u>も</u>言っていない．

「誰も」に付く「も」は，未確定代名詞を c-統御していれば，未確定代名詞からの切り離しが可能である (Kuroda (1965), Kishimoto (2001))．(19b)

の「も」は，補文標識の「と」の右側に付加されている．そして，(19b) の「誰を」は「も」からの束縛を受けて否定極性表現として解釈できる．

さらに，「愚かにも」のような主節を修飾する副詞は，(20a) のように，対格主語の後に置くことができる．しかしながら，Hiraiwa は，(20b) のように，対格主語の「誰を」が「愚かにも」の前に現れると「も」の未確定代名詞束縛の容認性が下がることを観察している．[5]

(20) a.　太郎は絵理を愚かにも優等生だと言った．

　　　b. *太郎は<u>誰</u>を愚かにも優等生だと<u>も</u>言わなかった．

(19b) と (20b) の文法性の対比から，Hiraiwa は，対格主語が随意的に主節の目的語位置に移動することが可能であると主張している．

(20b) の「も」は，補文標識の「と」の右側に付加されているので，「も」は埋め込み節のみをその作用域に収めていて，主節は「も」の作用域外にあるように見える．[6] もしそうであるなら，(20b) の対格主語の「誰を」が否定極性表現として解釈されうることから，対格主語が埋め込み節にあると言いたくなる．しかしながら，「も」による未確定代名詞束縛では ECM 主語が埋め込み節にあるかどうかを検証できない．なぜなら，Takano (2003)，Akaso (2009) などでも観察されているように，補文標識「と」に付加されている「も」は，(21b) のように，節外にある項も束縛できるからである．

(21) a.　私は真理に [PRO 論文を書くと] 言わなかった．

　　　b.　私は<u>誰</u>に [論文を書くと<u>も</u>] 言わなかった．

(21a) の埋め込み節の意味上の主語は主節の主語である（埋め込み節の PRO は主節の主語によってコントロールされている）．(22) の「そう」の置き換えの事実は，「に」格名詞句が主節にあることを示唆している．

---

[5] Hiraiwa (2005) は，「思う」の ECM 構文を使用しているが，後に「そう」の置き換えのテストを適用するため，ここでは，「言う」の ECM 構文を用いる．

[6] 後に議論するように，「と」に付加された「も」は，LF で上昇し，CP に付加される．この構造では，LF で CP より下に現れる要素が「も」の作用域に現れる．

第 2 章　ECM 構文　　49

(22)　A:　田中さんは真理に [PRO 論文を書くと] 言った.

　　　B:　藤井さんも真理に<u>そう</u>言った.

(22A) が先行文である場合，(22B) のように，「そう」の埋め込み節の置き換えは，「に」格名詞句を残したままで可能である．このことは，(21a) の「に」格名詞句が埋め込み節内には存在しないことを示している．また，(21a) では，(23) のように，埋め込み節を「に」格名詞句の左側に置くことができる.

(23)　田中さんは [論文を書くと] <u>真理に</u>言った.

「に」格名詞句が埋め込み節よりも右側に現れる (23) の文が容認されるという事実も，「に」格名詞句が埋め込み節には現れていないことを示している．つまり，(21a) の「に」格名詞句は，主節の動詞が選択する項で，意味的にも統語的にも埋め込み節とは関係していない．にもかかわらず，(21b) が適格であることからわかるように，未確定代名詞の「に」格名詞句に対する「も」による束縛が可能である.

　さらに言えば，補文標識の後に現れる「も」は，(24b) で示されているように，大目的語構文の「を」格名詞句の未確定代名詞も束縛できる.

(24) a.　私は彼のことをかわいいと言っていない.

　　　b.　私は<u>誰のことを</u>かわいい<u>とも</u>言っていない.

先にも見たように，大目的語構文の「を」格名詞句は主節に存在する．(19a) の ECM 主語と同様に，(24b) の大目的語構文の「を」格名詞句が「も」による未確定代名詞束縛を許す.

　上の事実から，補文標識に付加される「も」の作用域は，主節の目的語位置にまで及んでいることは明らかである．このことにより，Hiraiwa (2005) の主張とは異なり，「と」に付加された「も」による未確定代名詞束縛では ECM 主語が埋め込み節内に存在するか主節の目的語位置に存在するかを検証できないことがわかる.

　ECM 主語が埋め込み節内にあることは，「も」ではなく「か」を使った未

確定代名詞束縛で検証できる．これは，(25) で示されるように，「と」に後続する「か」の束縛領域が，「も」の場合とは異なり，埋め込み節に限定されるからである．

(25) a. あの人は先生に [PRO 論文を書くと] 言わなかった．
　　 b. *あの人は誰に [論文を書くとか] 言わなかった．

(25a) のコントロール構文の「に」格名詞句は主節にある．(25b) で示されているように，「か」は「に」格名詞句を束縛できない．しかし，(26b) のように，埋め込み節にある主格主語は「か」による未確定代名詞束縛が可能である．

(26) a. あの人は [花子が論文を書くと] 言わなかった．
　　 b. あの人は [誰が論文を書くとか] 言わなかった．

(25) と (26) の事実から，「と」に付加されている「か」の未確定代名詞束縛が可能な領域は，埋め込み節に限定され，主節には及ばないことがわかる．

ECM 構文の「を」格主語については，(27) で示されているように，「か」は「を」格主語の未確定代名詞を束縛することができる．

(27) a. 私は花子をかわいいと言っていない．
　　 b. 私は誰をかわいいとか言っていない．

しかし，同じ位置に現れる「か」は，(28b) で示されるように，大目的語を束縛することができない．

(28) a. 私は誰のことをかわいいとも言っていない．
　　 b. *私は誰のことをかわいいとか言っていない．

(28b) の非文法性は，「も」とは異なり，補文標識に後続する「か」が未確定代名詞の束縛領域を拡張しないことを示している．これに対して，(27b) は文法的なことから，ECM 主語は埋め込み節内にとどまっていることがわかる．

第 2 章　ECM 構文　　51

　ちなみに，補文標識に後続する Q 要素は「も」であっても「か」であっても，(29b) で示されているように，主節の主語位置にある未確定代名詞を束縛できない．

(29) a. *誰が花子をかわいいとも言っていない．
　　　 b. *誰が花子をかわいいとか言っていない．

このことは，補文標識に付く「も」も「か」も主節の主語にまでは束縛領域が及ばないことを示している．

　「も」が補文標識に付く (28a) と「か」が補文標識に付く (28b) で観察される文法性の対比は，Q 要素が未確定代名詞を束縛できる領域が主節の動詞句まで拡張しているのか，埋め込み節内にとどまっているかの違いから生じる．「か」が補文標識の「と」に付加された構文では，「か」の束縛領域が埋め込み節に限られる．そのため，「か」の未確定代名詞束縛の可否を見ることによってどのような要素が埋め込み節内に存在するかの判定ができる．

　Kishimoto (2001) で議論されているように，「か」や「も」の束縛領域はそれが付く要素の LF での位置で決まる．「も」が補文標識の直後に現れても，「も」が未確定代名詞を束縛できる領域が主節に拡張するのは，Ogawa (2007) が主張しているように，補文標識とともに上位の動詞に編入されるからであると考えられる．

(30) a. [[$_{VP}$ [$_{CP}$　　　 と－も] と－も-V]]
　　　 b. [[$_{VP}$ [$_{CP}$　　　 と-か] V]]

「も」が付加されている「と」が (30a) のように上位の動詞に LF で編入されるならば，「も」が未確定代名詞を束縛できる領域は主節の動詞句まで拡大する．そうすると，ECM 主語は主節の目的語位置に現れても可能になる．これに対して，「か」が付加されている「と」は，(30b) のように動詞への編入が起こらず，「か」の未確定代名詞の束縛領域は埋め込み節に限定される．

　未確定代名詞束縛に対する「も」と「か」の振る舞いの違いは，動詞要素への付加の可能性の違いと相関していると考えられる．「も」は，動詞に付加して「本を読みもする」のような表現が可能である．しかし，「か」を動詞

に付加した「*本を読みかする」のような表現は容認されない.「も」と「か」のこのような違いのために,動詞 (V) の補文標識 (C) への編入に関して,(30) で示したような論理構造の差が生じると考えられる.つまり,「も」を付随する補文標識は,上位の動詞に編入できるため,「も」の束縛可能領域が埋め込み節を超える.これに対して,「か」の場合は,上位への動詞の編入ができないため,埋め込み節が「か」の束縛可能領域になる.当然のことながら,未確定代名詞の束縛領域が主節の動詞句に及ぶ「も」ではなく,束縛領域が埋め込み節に限定される「か」の未確定代名詞束縛を見ることによって,どのような要素が埋め込み節内に起こるかを判定できるのである.

次に,主節の副詞が未確定代名詞の ECM 主語よりも右側に現れると容認性が下がるという (20b) の事実は,どのように説明されるのであろうか.まず,主節の副詞を ECM 主語の右側に置く (20a) が文法的であるという事実は,ECM 主語が主節の目的語位置まで移動しているとする分析の大きな動機付けになっていた (例えば,Kuno (1976)).しかし,対格標示される ECM 主語は,埋め込み節の主格主語とは異なり,スクランブリングによる主節への抜き出しが可能である.

(31) a. *絵理が_i 先生が [t_i 優等生だと] 言った.

b. 絵理を_i 先生が [t_i 優等生だと] 言った.

このことは,主節副詞の振る舞いは,必ずしも対格主語が主節目的語位置への移動 (A-移動) の証拠とはならないことを示唆している.

また,Hiraiwa (2005) は,(20b) の副詞「愚かにも」が動詞句に付加されると仮定して,(20b) の ECM 主語が主節の目的語の位置に移動しているとしている.[7] しかし実際には,「愚かにも」は命題に対する話者の評価を

---

[7] Hiraiwa (2005) は,数量詞「全員」が関わる (i) からも ECM 構文の対格主語が主節に移動することがあると主張している.
 (i) *彼らは誰を全員かしこいとも思っていない.
Hiraiwa は,主語から遊離された「全員」は主節にあり,その左側に現れる対格主語は主節

第 2 章　ECM 構文　　53

表す副詞であり，動詞句よりもかなり構造的に高い位置に現れる．以下でも
見るように，「愚かにも」のような副詞は動詞句には付加されない．副詞の
構造位置については，動詞句を焦点に置く分擬似分裂文での副詞の振る舞い
を見ると明らかになる（岸本 (2016)）．

　まず，動詞句周辺にある副詞は，(32) で示されるように，擬似分裂文の
前提節に現れても焦点位置に現れてもよい．

(32) a.　[太郎が丁寧にした] のは [服をたたむ] ことだ．
　　 b.　[太郎がした] のは [服を丁寧にたたむ] ことだ．

また，TP の投射内に付加される「昨日」のような時間副詞は，前提節に現
れることはできても，焦点位置に現れることはできない．

(33) a.　[太郎が昨日した] のは [服をたたむ] ことだ．
　　 b.　*[太郎がした] のは [服を昨日たたむ] ことだ．

これに対して，TP よりも上位の投射に現れる要素は擬似分裂文の焦点位置
にも前提節にも現れることができない．ここでは「は」によって題目化され
た要素について見てみる．

(34) a.　*[太郎が昨日はした] のは [服をたたむ] ことだ．
　　 b.　*[太郎がした] のは [服はたたむ] ことだ．

「愚かにも」のような副詞も，擬似分裂文の焦点位置にも前提節にも現れる
ことができない．

(35) a.　*[太郎が愚かにもした] のは [秘密を話す] ことだ．
　　 b.　*[太郎がした] のは [秘密を愚かにも話す] ことだ．

───────────

に移動していることになり，「も」が対格主語を束縛できないと主張している．この議論は，
(iib) の対格主語の右側に現れる「全員」が主語から遊離された解釈が許されるというのが
前提となる．

　(ii) a. *彼らは太郎を全員かしこいと思っている．
　　　 b. *彼らは太郎を全員ほめた．

しかし，(i) には，(iia) や (iib) と同様に，「全員」が「彼らに」関係づけられる意図され
る解釈はないと思われる．

動詞句の分裂文では，焦点位置には動詞句があるが，それより上位の位置にある投射は現れない．したがって，(35b) の非文法性から動詞句よりも上位の位置に「愚かにも」が付加されていることがわかる．また，(35a) のように前提節に「愚かにも」が入れられても容認されないことから，この副詞は TP よりも上位の CP の領域に現れる副詞であると結論づけられる．

このような事実を考慮すると，Hiraiwa の主張とは異なり，(20b) の ECM 主語は主節の目的位置に A-移動をしているのではなく，(36) のように，スクランブリングによって主節まで上昇していると考えられる．

(36) [誰を$_i$ 愚かにも [$_{CP}$ t_i [$_{TP}$ … Pred] と]]

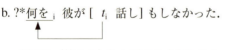

(20b) においては，ECM 主語が埋め込み節の補文標識と共起する「も」の作用域の及ばない位置に現れるために，(20b) は容認されないのである．

Hiraiwa (2005) の分析のもう 1 つの問題点としては，Kishimoto (2001) が議論しているように，証拠として用いている未確定代名詞束縛が A-移動とスクランブリングによる移動を区別できないことにある．「も」が動詞の後に現れた構文では，未確定代名詞がスクランブリングあるいは A-移動で動詞句の外側に抜き出されると未確定代名詞の束縛ができなくなる．

(37) a. 彼が [何を話し] もしなかった．
  b. ?*何を$_i$ 彼が [t_i 話し] もしなかった．
  c. *何が$_i$ (彼から) [t_i 話されも] しなかった．

(37a) の未確定代名詞は，動詞句内に存在するので，動詞に後続する「も」によって適正に束縛される．これに対して，スクランブリングで未確定代名詞が前置された (37b) と A-移動（受動化）により未確定代名詞が主語位置に現れている (37b) では，「も」が未確定代名詞を束縛できない．このような点からも，Hiraiwa の主張とは異なり，「も」の未確定代名詞束縛の事実を ECM 主語の主節目的語位置への移動の証拠とすることができないこと

は明らかである．

　未確定代名詞束縛とは異なり，「そう」の置き換えは，A-移動とスクランブリングの移動を区別することができる．そのため，「そう」の置き換えの可能性を見ることによって，問題になる（20a）の対格主語に A-移動が関わっているのかそれともスクランブリングが関わっているのかを検証できる．まず，（38）では，埋め込み節の対格目的語がスクランブリングにより文頭に移動されているが，目的語を残したままで「そう」の置き換えはできない．

(38)　A:　この本を太郎は [花子が読んだと] 言った．
　　　 B: *この本を花子も<u>そう</u>言った．

スクランブリングによって目的語が文頭に出た場合には，この目的語は埋め込み節内にある構造で「そう」の置き換えが適用される．したがって，目的語を残したままでの「そう」の置き換えはできない．

　受動化した ECM 構文の「そう」の置き換えは異なる分布が観察される．例えば，（39A）では，受動化によって ECM 主語が主節の主格主語になっている．この場合，（39B）で示されているように，この受動文の主語を残したままで「そう」の置き換えが可能である．

(39)　A:　先生から絵理が優等生だと言われていた．
　　　 B:　友達からも絵理が<u>そう</u>言われていた．

(39) の事実は，A-移動（受動化）によって対格主語が主節の主語になった場合，もとの対格主語は主節の要素（主格主語）になり，受動文の主語が主節にある構造で「そう」の置き換えが行われることを示している．

　次に，ECM 主語がスクランブリングにより主節の主格主語よりも左側に出た場合には，ECM 主語を残したまま「そう」の置き換えはできない．

(40)　A:　絵理を花子は優等生だと言った．
　　　 B: ?*絵理を太郎も<u>そう</u>言った．

スクランブリングで文頭に出た埋め込み節の ECM 主語は，埋め込み節内

にある構造で「そう」の置き換えが適用される．そのため，目的語を残した
ままで「そう」の置き換えが起こった (38B) は容認されない．[8]

　Hiraiwa が主節の目的語位置に移動しているとする (20a) に関しても，
(41B) のように，ECM 主語を残したままでの「そう」の置き換えができな
い．

　(41)　A:　花子が絵理を愚かにも優等生だと言った．
　　　　B:　*太郎も絵理を愚かにもそう言った．

(41B) の「そう」の置き換えの事実は，(41A)（= (20a)）において「を」格
で標示される ECM 主語が A-移動ではなく，スクランブリングによって主
節に現れる副詞の「愚かにも」の左側に現れていることを示している．

2.　CP への A-移動

　前節では，ECM 構文の「を」格主語は，スクランブリングや受動化の操
作を受けない限り，埋め込み節内にとどまっていることを検証した．本節で
は，埋め込み節内での対格主語の位置について検討する．ECM 主語と主格
主語の埋め込み節内の構造位置については，未確定代名詞束縛では確認する
ことができない．しかし，述語の後ろに現れる「だけ」の焦点化の可能性
(Kishimoto (2009))，「か」による等位接続，及び，否定極性表現の事実を
見ることにより，2 つのタイプの構文の主語の構造位置を検証できる．
　まず，述語の後ろに現れる「だけ」の焦点化について見ていく．このタイ
プの「だけ」の基本的な事実としては，(42) のように，主格主語に対して

---

　[8]「愚かにも」は主節の CP 内に現れる副詞であるが，主節の主語や ECM 主語はスクラ
ンブリングで副詞の左側に移動できると考えられる．なお，主格主語は，CP 節を超えた移
動はできないとされる (Saito (1985) 参照)．しかし，スクランブリングにより同一節の
CP 内にある要素を超えて移動させることは可能である．したがって，(i) のように，副詞
の「愚かにも」と主格主語（及び主節内のその他の要素）を入れ替えても問題がない．
　(i) a.　愚かにも太郎がそのことをしゃべってしまった．
　　　b.　太郎が愚かにもそのことをしゃべってしまった．
　　　c.　太郎がそのことを愚かにもしゃべってしまった．

は焦点化が可能であるが，題目化された主語に対しては焦点化が可能でないことが挙げられる．

(42) a. 花子がかわいい<u>だけ</u>だ．
b. 花子はかわいい<u>だけ</u>だ．

(42a) には，主語が「だけ」の焦点になる「花子だけがかわいい」という解釈が得られるが，(42b) は主語が「だけ」の焦点化の対象になる解釈は許されない．この事実をもとに，Kishimoto (2009) は，「だけ」の焦点化可能領域が (「が」格主語が位置する) TP まで及ぶが (「は」を伴う題目が存在する) CP までは及ばないことを論じている．

興味深いことに (43) の主格主語と ECM 主語においても「だけ」の焦点化の可能性に違いが観察される．

(43) a. 山田さんは [<u>絵理を</u>かわいいだけ (だ)] と言った．
b. 山田さんは [<u>絵理が</u>かわいいだけ (だ)] と言った．

(43a) の ECM 構文においては「絵理だけがかわいい」という解釈が許されないが，埋め込み節に主格主語が現れる (43b) では「絵理だけがかわいい」という解釈が許される．この事実は，「が」格主語とは異なり「を」格主語が「だけ」の焦点化の可能な領域の外側にあることを示唆している．そうすると，「を」格主語は埋め込み節内にとどまるももものの，TP よりも上位の構造位置の CP に存在するとすることができる．

対格主語が主格主語よりも高い位置に現れることは，「か」を用いた等位接続構造でさらに確かめることができる．(44a) で示されるように，述語の後ろに付加される「か」は等位接続構文を形成することができる (Kishimoto (2013b))．

(44) a. おそらく [<u>隆史が</u>強い] か [<u>啓子が</u>弱いか] である．
b. *おそらく [<u>隆史は</u>強い] か [<u>啓子は</u>弱いか] である．

(44a) は適格な等位接続構造であるが，(44b) は容認できない等位接続構造である．(44a) は，等位接続構造の中に現れる主語が主格で現れている．こ

れに対して，(44b) の主語は「は」で題目化されている．Kishimoto (2009) が議論しているように，題目は CP に現れる要素である．したがって，(44) の事実は，「か」を用いた等位接続は，TP のレベルでは可能であるが，CP のレベルでは可能でないことを示している．

先に見たように，ECM 主語が CP に現れ，主格主語が TP に現れるとすると，「か」の等位接続構文では「言う」の埋めこみ節に現れる主語が主格で標示されるか対格で標示されるかで文法性の対比が現れることが予測される．実際，(45) のような文では文法性の対比が見られる．

(45) a.　友達は [隆史が強い] か [啓子が弱いか] であると言った.
　　 b. *友達は [隆史を強い] か [啓子を弱いか] であると言った.

「か」は，TP を等位接続することが可能であるために，埋め込み節に「が」格主語が現れる (45b) は適格となる．これに対して，埋め込み節の「を」格主語は，(45b) のように「か」の等位接続構文の内部に現れることができない．この事実も，ECM 構文の「を」格主語が CP に現れていることを示している．

対格で標示される ECM 主語が主格主語よりも高い構造位置に現れる証拠は，文否定の「ない」の作用域内で認可される否定極性表現の事実を見ることによっても得られる．ここでは否定極性表現の「ろくな」を用いて位置の違いを考察する．まず，(46) の名詞述語文の主語に埋め込まれている「ろくな」は「ない」によって認可される．

(46)　(今回の選挙は) ろくな人が候補者でない.

(46) では，「ない」が「ろくな」を認可し，「ろくでもない人が候補者になっている」という解釈が得られる．主格主語に含まれる (46) の「ろくな」は認可されるので，「ない」の作用域が TP まで及ぶことを示唆している．

(46) の名詞述語文は，「言う／思う」の補文として埋め込むことができる．この場合，主語には主格の標示が現れる可能性と対格の標示が現れる可能性がある．名詞述語文の主語が主格で標示される (47a) と対格で標示される (47b) では文法性の対比が観察される．

第 2 章　ECM 構文　　　59

(47) a.　彼は [ろくな人が候補者でないと] 言った.
　　　b. *彼は [ろくな人を候補者でないと] 言った.

(47a) の否定極性表現「ろくな」を含む主格主語は認可されて,「ろくでも
ない人なら候補者である」という解釈が得られる. しかし, (47b) の埋め込
み節の主語に含まれる「ろくな」は認可されず,「ろくでもない人なら候補
者である」という解釈は得られない. 埋め込み節の否定の作用域は, 埋め込
み節の TP を越えないため, 埋め込み節の CP の指定部にある対格主語は認
可されないのである. (47) の事実もまた, 対格主語が主格主語よりも高い
構造位置を占めることを示している.

　ここで, 対格で標示される ECM 主語がなぜ埋め込み節の CP へ移動す
るかについて考えてみる. まず,「そう」の置き換えは, 対格主語の主節の
目的語位置への A-移動が起こらないことを示している. 主節の目的語位置
への移動は, 動詞が目的語を牽引する素性がなければならないが, Kishi-
moto (2012) が議論しているように, 日本語の通常の構文においては目的
語の転移は起こらない. そうすると, 日本語においては, 対格主語は主節の
目的語位置に移動しないことは十分期待される.

　通常の主格主語は, TP の指定部に移動する. これは, 主語を牽引する
EPP 素性が C に付与され, 素性継承により C から T に転移されるからで
ある (Chomsky (2008)). これに対して, 対格主語の CP への A-移動は,
理論的には, C から T の素性の受け継ぎが起こらないならば可能になる.

(48) a.　[… [$_{CP}$ [$_{TP}$ 主語-が $_i$ [$_{vP}$ t_i … Pred] と] 言った]
　　　　　　　　　　　　　　　　　　　　　　(A-移動)
　　　b.　[… [$_{CP}$ 主語-を $_i$ [$_{TP}$ [$_{vP}$ t_i … Pred] と] 言った]
　　　　　　　　　　　　　　　　　　　　　　(A-移動)

ECM 構文では, T は格の認可をしないので, C の EPP 素性には素性継承
が起こらず, そのために, 対格主語は CP の指定部に牽引されると考えられ
る. その結果, 対格主語は, 上位の動詞から可視的な位置に現れることにな
り, 対格が上位の動詞によって認可されるのである.

3. 目的語に関する問題

ECM 構文において具体的な意味のない形式名詞の「こと」が「を」格主語に挿入できるように見える現象がある．この現象は，従来，埋め込み節の主語が主節の目的語の位置に上昇していることを示す証拠と考えられることがあった（例えば，Kuno (1976) など）．実際に，(49) のような文では主語位置に形式名詞の「こと」が現れないことから，この議論は一定の説得力があるようにも思える．

(49) 今日は真理 (*のこと) が礼儀正しかった．

しかし，先に議論したように，「を」格名詞句に「こと」を伴うかどうかで，「を」格名詞句の位置が異なる ECM 構文と大目的語構文が形成されるのであれば，このような議論は成立しない．

それでは，ECM 構文と大目的語構文への形式名詞「こと」の挿入に関してなぜこのような分布が観察されるのであろうか．このことを見るために，形式名詞「こと」の基本的な分布を考えてみることにする．まず，形式名詞「こと」は，笹栗 (1999)，Kishimoto (2004) などで議論されているように随意的に目的語位置に挿入できる．

(50) a. 先生が学生 (のこと) を叱った．
　　 b. 先生 (*のこと) が学生を叱った．
　　 c. 学生 (*のこと) が先生に叱られた．

「叱る」は主語にも目的語にも有生名詞を要求する動詞である．(50a) の「学生のこと」は，「こと」が本来表すはずの意味を表さず，「学生」と同じ意味にとることができるため，(50a) は文法的であると判断される．形式名詞「こと」は，(50b) で示されているように，主語位置には現れることができない．(50c) のように，目的語が受動文の主語となっても，形式名詞として機能する「こと」は現れることができない．

ここで，先に見た ECM 構文の主語を受動化した場合の「こと」の生起の可能性を見ると，(51) で示されるように，「こと」は受動文の主語とともに

第 2 章　ECM 構文　　　　61

現れても現れなくてもよい.

(51) a.　<u>絵理が</u>全員から礼儀正しいと言われていた.
　　　b.　<u>絵理のことが</u>全員から礼儀正しいと言われていた.

(51) の 2 つの文の「絵理」は, 受動文の主語であるため, 形式名詞の「こと」は許容されない. しかし, (51b) は, 適格な文であることから, (51b) に現れている「こと」は形式名詞ではないことがわかる.

　実際に, (51b) は, ECM 構文の受動文ではなく, 大目的語構文の目的語に受動化の操作が適用されて主節の主語となっている受動文であると考えられる. 受動文の主語は, (52) で示されるように, 主節の目的語の位置から主節の TP の指定部へ A-移動を起こす.

(52) a.　[　　　　　　　　　[絵理のことを [pro 礼儀正しいと] 言った]
　　　b.　[絵理のことが]ᵢ [　　tᵢ　　[pro 礼儀正しいと] 言われた]

そうすると, (51b) の「絵理のこと」は,「言う」が選択する項であり,「こと」は形式名詞の挿入によって生起したのではない. そのため,「絵理のこと」は受動化で主節の主語となっても容認可能な文が派生されるのである. ちなみに,「言う」は目的語に有生名詞をとることができないため, (53) は非文法的である.

(53) *隆史は絵理を言った.

「言う」の目的語は,「絵理のこと」のように「こと」を伴えば「絵理に関すること」という意味を表し,「言う」の選択制限を満たすことができる. しかし, この場合の「こと」は形式名詞ではない. したがって,「こと」名詞句は, (51b) のように, 受動文の主語として現れても容認される. 要するに, (51a) と (51b) の受動文は, ECM 構文と大目的語構文という異なる構文がベースになって派生されているのである.

　次に, ECM 構文の「を」格主語のスクランブリングに関わる問題を取り上げる. (54a) のような受動化された ECM 構文では, (54b) に示されるよ

うに，スクランブリングによって埋め込み節を受動文の主語の前に置いても
容認される．

(54) a. 絵理が全員から礼儀正しいと言われていた．
 b. 礼儀正しいと絵理が全員から言われていた．

(54b) の主語「絵理」は，埋め込み節内に由来する．(54b) の「絵理」は，
(55a) で示されているように，埋め込み節から抜き出され，その後に，(55b)
で示されているように，埋め込み節が前置されることにより成立しているの
で，主語「絵理」の痕跡（コピー）が前置された埋め込み節内にあるはずで
ある．

(55) a. 絵理が$_i$ 全員から [t_i 礼儀正しいと] 言われていた．

 b. [t_i 礼儀正しいと]$_j$ 絵理$_i$ が全員から t_j 言われていた．

(54b) の受動文の主語は，(55b) で示されているように，埋め込み節に現れ
る移動で残された痕跡（コピー）を c-統御しないので，(54b) は，適正束縛
条件により非文法的になってもよいはずであるが，実際には容認される．こ
の事実を説明するには，（埋め込み節から主節への）A-移動が起こっている
(54b) には，適正束縛条件が適用されないとすることも理論的には可能かも
しれない．しかし，少なくとも日本語においては，以下でも見るように，
A-移動にも適正束縛条件が適用されるとする根拠が存在する．

　(54b) が適正束縛条件からの予測に反して適格と判断されるのは，移動に
より残された痕跡（コピー）が PRO で置き換えられるからである．PRO の
置き換えの操作は，長谷川 (1990) で議論されているように，主語が移動で
残した痕跡（コピー）を c-統御する構造関係を持てない場合に適用される操
作である (Hoji, Miyagawa and Tada (1989) も参照)．PRO の置き換え操
作は，例えば，(56b) のような擬似分裂文において起こる (岸本 (2016))．

(56) a. 太郎が本を読んだ．

b. ［太郎がした］のは［本を読む］ことだ.

(56a) の動詞句を焦点位置に置く (56b) は容認される. 動詞句内には, 主語位置に移動された主語の痕跡（コピー）がある. (56b) の分裂文では, A-移動を受けた主語は前提節に位置し, 焦点位置の動詞句内にある痕跡（コピー）を c-統御できない. しかし, 主語移動により動詞句内に残されている痕跡（コピー）が PRO に置き換えられると, (56b) には (57) の構造が与えられる.

(57) ［太郎がした］のは［PRO 本を読む］ことだ.

(56b) の分裂文の焦点位置に生起する動詞句内にある主語の痕跡（コピー）が, (57) のように, PRO に置き換えられると, 主語は PRO とコントロール関係を持つ. コントロール関係が成立するには, 主語が PRO を必ずしも c-統御しなくてもよい. そのため, (56b) は文法的と判断されるのである.
　ただし, 日本語の分裂文の焦点化された動詞句の中に現れる要素が PRO に置き換えられるのは, 有生性条件 (animacy condition) により, 有生名詞句に限られる（岸本 (2005) などを参照）. そのため, (56b) で可能であった PRO の置き換えは, (58b) の無生物主語の擬似分裂文には適用できない.

(58) a.　太陽は東から昇る.
　　　b. *［太陽がする］のは［東から昇る］ことだ.

(58b) の焦点位置に現れる動詞句内にある痕跡（コピー）は, 有生性条件により PRO に置き換えることができない. そのために, (58b) では, 適正束縛条件の違反が起こる. したがって, (58b) のような無生物主語の擬似分裂文は許容されない.
　上で見た PRO の置き換え操作にかかる有生性条件は, (54b) の ECM 構文にも適用されると考えられる. したがって, (54b) では, (59) のように, 埋め込み節に残された主節の主語の痕跡（コピー）が PRO に置き換えられる.

(59) ［PRO_i 礼儀正しいと］絵理が_i みんなから言われていた.

(59) では，移動で残された痕跡（コピー）ではなく，発音されない代名詞
の PRO が現れているので，適正束縛条件は適用されない．実際，PRO の
先行詞は表層で PRO を c-統御する必要はないため，(54b) は許容される．

ECM 構文の PRO の置き換えには有生性条件がかかるとすると，無生物
主語をとる ECM 構文では，ECM 主語を受動化して主節の主語にしても
PRO の置き換えができないはずである．実際，(60c) の受動文の文法性は，
(60a) や (60b) と比べると，かなり低くなる．

(60) a.　全員が神戸の夜景を美しいと言っていた．

b.　神戸の夜景が全員から美しいと言われていた．

c. ?*美しいと全員から神戸の夜景が言われていた．

(60b) の受動文では，(60a) に受動化の操作が適用され，埋め込み節の
ECM 主語が主節の主語になっている．そして，(60c) の受動文では，主語
を後ろに残したまま，埋め込み節がスクランブリングで文頭に前置されてい
る．

(61) a.　神戸の夜景が$_i$ 全員から [t_i 美しいと] 言われていた．

b.　[[t_i 美しいと]$_j$ 全員から神戸の夜景が$_i$ t_j] 言われていた．

(60c) は (61b) のような構造を持つが，有生性条件により，(61b) の埋め
込み節内に残されている主語の痕跡（コピー）は PRO の置き換えができな
い．この場合には，主語が痕跡（コピー）を c-統御できず，適正束縛条件の
違反を引き起こす．したがって，無生物主語を含む (60c) は，有生物主語
を含む (54b) とは異なり，容認されない．

第3章

所有者上昇構文

1. 所有者上昇

　本節で検討する「所有者上昇（possessor raising)」は，名詞句から所有者項が取り出されて節の項になる現象を指す（所有者上昇はより一般的には「項上昇（argument raising)」と呼ばれる名詞句からの抜き出し操作の一種である）．以下でも見るように日本語では名詞句からの項上昇はかなり頻繁に観察される．Kuno (1973) で議論されている「主語化 (subjectivization)」の現象がその一例である．

　(1) a.　山田さんの目が赤い.
　　　b.　山田さんが目が赤い.

(1b) の構文は，(1a) の「目」を主要部名詞とする主語名詞句から所有者項「山田さん」を抜き出すことによって成立したと考えられる．

　(2)　山田さんが$_i$ [t_i 目] が赤い.

(1b) の「山田さん」は「赤い」の意味上の主語ではないが，主格の格標示を受けるので，一般に「大主語 (major subject)」と呼ばれる．

　(1a) の属格の「山田さん」は，「赤い」の意味上の主語である主格の身体

名詞句「目」の中に存在するのに対して，主格の「山田さん」は，身体名詞句の中ではなく節中に現れている．このことは以下のような修飾の可能性から検証できる．

 (3) a. 山田さんが<u>かなり</u>目が赤い.
   b. *<u>片方の</u>山田さんが目が赤い.
     (cf. 山田さんが片方の目が赤い.)
   c. *山田さんの<u>かなり</u>目が赤い.

(3a) の「かなり」は程度を示す副詞で述語を修飾する．「かなり」は節内に現れているので，(3a) は容認される．他方，(3b) の「片方の」は「目」を修飾させようとしても，名詞句の中に現れていないために容認されない．また，(3c) は，「かなり」が名詞句の中に含まれていると解釈されるので容認されない．これらの事実から，所有者項が格の標示によって異なる構造位置を占めることがわかる.

 日本語生成文法の研究では，(1b) の構文に名詞句からの所有者上昇が関わるとして言及されることはあまりない．例えば，Kuno (1973) では，(1b) は「主語化 (subjectivization)」の例として取り扱われているが，所有者上昇の構文としては扱われていない．しかし，大主語を含む (1b) のような例には，(さまざまな言語で観察される) 所有者上昇が関わっていると考えることができる.

 Kuno (1973) の提案する主語化の操作は，所有者上昇と同じ統語操作が関わるとみなしたくなる．しかし，厳密に言えば，この 2 つの操作は同じではない．(4) のように，場所句が主格を受けるようになる操作も主語化として言及されるからである.

 (4) a. ニューヨークに高層建築がたくさんある.
   b. ニューヨークが高層建築がたくさんある.

Kuno (1973) によれば，(4b) の例は，(4a) から「主語化」の操作を受けることによって派生されたことになる．しかし，この場合には名詞句からの抜き出しが関与せず，場所を表す「に」格が「が」格に変換されている．この

ように，Kuno (1973) の言う「主語化」には，所有者上昇以外の操作も含まれることにも留意しておく必要がある．

2. 主語上昇とイディオム

1節で見た構文以外にも，名詞句から所有者上昇を起こす構文がいくつかある．(1b) のような構文では，主語から所有者が上昇しているが，日本語では，主語以外にも所有者の抜き出しが可能である．(5) は「に」格の身体名詞句「手」からの所有者上昇が関わる例である (Kishimoto (2013a))．

(5) a. 母親にはこの子供が手に負えなかった．
　　 b. この子供が母親の手に負えなかった．

(5a) の「母親」は「に」格（与格）で標示されているが，(5b) の「母親」は属格で標示されている．(5a) の「母親に」は，「負えない」が本来的にとる項ではなく，「手」を主要部とする名詞句から所有者上昇によって派生された項である．

所有者上昇で派生された構文には，一般に，上昇操作がかかる前の形式も存在する．したがって，(5a) は，(6) に示すように，身体名詞の「手」を含む名詞句から「母親」が抜き出されることによって成立すると考えることができる．

(6)　母親には$_i$この子供が [t_i 手] に負えなかった．

与格名詞句からの所有者上昇が関与するイディオムには，「手に負えない」以外にも，「お気に召す」「気に食わない」「気に障る」などのイディオムがある．

所有者上昇は，名詞述語構文においても観察される．例えば，(7a) は名詞述語の中から所有者上昇が起こっている例である (Kishimoto (2014))．

(7) a. この人にはそれが悩みの種であった．

b. それがこの人の悩みの種であった.

(7a) は，論理的な意味を維持したままでの (7b) の書き換えが可能なことから，「悩みの種」から「この人」が所有者上昇によって抜き出され作られたと考えることができる. このタイプの格交替を起こす名詞述語としては，「お気に入りだ」「唯一の自慢だ」などがある.

(5a) の「母親に」や (7a) の「この人に」が所有者上昇によって節の項として生起したことは，いわゆる「所有者尊敬語化 (possessor honorification)」によって確認できる. 所有者尊敬語は，名詞句の中にある表現に対して敬意を向ける表現で，名詞に接頭辞の「お-」や「御-」を付加することで表現される (Harada (1973), Kishimoto (2013a)). (8) は，このような所有者敬語が関わる例で，敬意は「持ち物」の所有者に向けられている.

(8) 山田先生のお持ち物

所有者尊敬語において敬意の向けられる対象は，表面的には主語尊敬語化の敬意の向けられる対象と同じになる場合もある. しかし，所有者尊敬語化と主語尊敬語化は構造的には異なる名詞句を敬意の対象としてとる. このことは，(9a) の所有者上昇構文を見るとわかりやすい.

(9) a. 私のメモが先生に役に立った.
　　b. 私のメモが先生の役に立った.

(9b) の属格で標示されている「先生」が (9a) においては「に」格で標示されている.「役に立つ」では，(10) に示されているように，所有者尊敬語化はどちらのタイプの構文でも「先生」に敬意が向けられていると解釈される.

(10) a. 私のメモが先生にお役に立った.
　　 b. 私のメモが先生のお役に立った.

これに対して，「役に立つ」の (9) の 2 つの構文では，主語尊敬語化は，「先生」に対して敬意が向けられているとは解釈できず，(11) に示されているように，どちらも容認されない.

第3章 所有者上昇構文   69

(11) a. *私のメモが先生に役に立っていらっしゃる．
　　 b. *私のメモが先生の役に立っていらっしゃる．

(10) と (11) の事実は，所有者尊敬語化と主語尊敬語化が別の構造位置で認可されることを示している．所有者尊敬語化は，(12a) のように，名詞句の中の所有者と一致することにより，尊敬のターゲットとなるのに対して，主語尊敬語化は，(12b) のように，節の主語と一致を起こすことにより，尊敬のターゲットとなるのである．[1]

(12) a.　[主語　　[所有者　HON-名詞]　動詞]

　　 b.　[主語　　[所有者　名詞]　HON-動詞]

ちなみに，(13) のように，所有者が所有者上昇によって節の主語となる場合は，2つの尊敬語化の敬意の向けられる対象は，表面上，同じになる．

(13)　[所有者　　[所有者　HON-名詞]　HON-動詞]

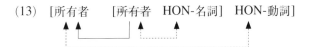

具体的には，(14a) が，名詞句内にあった所有者が文の主語となる所有者上昇構文の例に当たる．

(14) a.　山田先生にはその料理がお口に合っている．
　　 b.　その料理が山田先生のお口に合っている．

「口に合う」では，(14) のように所有者を属格で標示する形式と与格で標示する形式が可能である．(14a) の「に」格の所有者は，最初は (14b) のよう

---

[1] 斜格主語は，主格主語とは異なり，動詞句内から文の主語位置の Spec-TP に移動しないものの，(i) のように，主語尊敬語化のターゲットとなりうる．
　(i) a.　今日は山田先生からお話になっている．
　　 b.　今日は先生でお集まりになっている．
したがって，主語尊敬語化は，動詞句内の主語位置 Spec-vP で認可されると考えられる．

に身体名詞の「口」の中にあるため，「口」を「お口」に変えることにより動機づけられる所有者尊敬語化は，(14a) と (14b) のどちらの形式においても可能である．これに対して，主語尊敬語化は，(15a) で示されているように，与格で標示された名詞句を持つ形式でしか許されない．

(15) a.　山田先生にはその料理が口に合っていらっしゃる．
　　　b. *その料理は山田先生の口に合っていらっしゃる．

(15a) は「先生」に敬意が向けられていると解釈されるが，(15b) において主語尊敬語化は容認されない．(15b) の主語尊敬語化が成立しないのは，属格で標示されている「山田先生」が身体名詞句の中に存在し，節の主語位置に現れていないからである．

　要するに，もともと名詞句内にあった所有者が文の主語となる所有者上昇構文では，所有者尊敬語化と主語尊敬語化の敬意の向けられる対象の位置が異なるが，2つの位置が移動によって関係づけられる．そのため，(14) の「お口に合う」のような文においては，異なるタイプの敬語化であっても同一の名詞句が敬意の向けられる対象になるのである．

　所有者尊敬語は，被所有者名詞句の中に含まれている所有者に敬意が向けられるが，所有者尊敬語の対象となる所有者項は，表面上，節の項であっても構わない．しかし，所有者尊敬語化が成立するためには，所有者の敬意を表す接辞が付加される被所有者名詞句の中に敬意を払うべき所有者が存在していることが必要である．したがって，身体名詞「口」の所有者が（所有者上昇による抜き出しが起こらず）単に意味的に敬意を払うべき対象と同一指示である場合には，所有者尊敬語化は認可されない．(16) がそのような例に該当する．

(16)　先生が (*お) 口を触った．

(16) の身体名詞の「口」は意味的には「先生の口」を指すことができるが，この場合でも所有者尊敬語が容認されない（「口にする」「口に入る」のイディオムも同様の振る舞いを示す）．(16) の主語の「先生」は「触る」によって選択される項である．また，「先生の口を触った」では，表出されていな

い主語が「先生」とは別人であると解釈され，「先生が口を触った」とは，同じ論理的意味を表さない．したがって，(16) は，(17) のような構造を持っていると考えることができる．

(17) [先生が [PRO / pro 口] を 触った]

(16) の文の主語の「先生」は，所有者上昇によって主語位置に現れたのではないため，(16) の「口」を「お口」に変えて所有者尊敬語の形式を持たせることができないのである．

次に，「手に負える」タイプの所有者上昇構文の特異な性質として，所有者名詞句が属格で標示されていても与格で標示されていても，主語指向性のある「自分」の先行詞となり，主語の特性を示すことが挙げられる．

(18) a.　山田先生$_i$には自分$_i$の学生がお気に召さない．
　　 b. ?自分$_i$の学生が山田先生$_i$のお気に召さない．

(18b) は，(18a) と比べると多少容認性が落ちるかもしれないが，適格である．容認性が多少落ちるのは「自分」が主語よりも先行しているために，同一指示が得られにくいことが原因ではないかと思われる．なお，(18b) は，(19) よりも意図される意味での容認性が高い．

(19) a. *山田さん$_i$を自分$_i$の息子が叱った．
　　 b. *自分$_i$の息子が山田さん$_i$を叱った．

主語指向性を持つ「自分」の解釈に関して観察される (18) と (19) の文法性の対比は，(18b) の「お気に召す」の「お気」の中に現れる属格の「山田先生の」が節の主語に見られるような主語の特性を持っていることを示唆している．

さらに，「お気に召さない」「手に負えない」においては，主格で標示されている名詞句が直接目的語の特性を持っている．例えば，(20) に示されているように，「お気に召さない」の選択する「が」格名詞句には，形式名詞の「こと」の挿入が可能である．

72　　　　　　　　　　　第 I 部　構文と格

(20) a.　山田先生には学生（のこと）がお気に召さない．

　　 b.　学生（のこと）が山田先生のお気に召さない．

(20) のどちらの構文においても，「が」格名詞句の「学生」は形式名詞「こ
と」の挿入が可能で，「学生のこと」は（「こと」を伴わない）「学生」と同義
に解釈できる．このことは，「お気に召さない」のとる「が」格名詞句が目的
語であることを示唆している．そうすると，(20) の事実は，「お気に召さな
い」の「お気」が選択する所有者が所有者上昇の操作を受けず，属格で表示
される場合，主語位置は，(21a) で示されるように，表面上は埋められてい
ないことを示唆する．

(21) a.　[$_{TP}$　　　　 [$_{VP}$ 学生が　[先生のお気に] 召さない]]

　　 b.　[$_{TP}$ 先生に$_i$　[$_{VP}$ 学生が　[　t_i　お気に] 召さない]]

もちろん，所有者名詞句が与格で標示された場合には，(21b) のように，節
の項として現れ，主語として機能する．与格で標示された所有者名詞句と同
様に属格で標示された被所有者名詞句も「自分」の先行詞となりうるが，属
格の所有者名詞句は表面上には被所有者名詞句の中にある．このことから，
Kishimoto (2013a) が主張しているように，「お気に召さない」の「お気」
の中にある属格の所有者名詞句は，論理構造（LF）において節の主語位置に
移動するという結論が導かれることになる．

第 4 章

軽動詞構文

1. 軽動詞構文の特徴

日本語には，動詞的名詞（Verbal noun（VN））と軽動詞の「する」が組み合わされて作られる軽動詞構文がある．軽動詞構文は，一般的に，2 つの形式で生起する．(1a) は動詞的名詞が「する」と複合される形式で，(1b) は動詞的名詞が対格で標示されて「する」の目的語として現れる形式である（影山 (1993)，Kageyama (1991)，Miyamoto (1999) など）．

(1) a. 先生が生徒に助言した．
　　b. 先生が生徒に助言をした．

軽動詞構文は，しばしば，(2) の英語の軽動詞構文に相当するとみなされる．

(2) a. Tom took a look at the lady.
　　b. Tom gave the corridor a sweep.

軽動詞構文では，「勉強」「助言」などの動詞的名詞が節の重要な情報を担い，動詞「する」自体は時制を指定するが，それほど実質的な意味を持たない (Miyamoto and Kishimoto (2016))．[1] そのため，動詞的名詞が対格標示を

---

[1] 動詞的名詞はそれ自体の項構造を持つ．しかし，「会議」や「贈り物」のような名詞句

持ち,「する」が後続する形式を持つ軽動詞構文では(実質的な意味を伴う)動詞的名詞と(実質的な意味がそれほどない)動詞の「する」の2つの要素が一種の複雑述語を形成していると考えられる.

軽動詞構文においては,動詞的名詞が文の意味を決定する重要な情報を担うが,動詞「する」がどのようなステータスを持つのかに関しては議論が分かれる.例えば,Grimshaw and Mester(1988)は,軽動詞構文の「する」は本来的には項に対して与える意味役割を持たず,動詞的名詞がすべての項の意味役割を決めるとしている.これは,「する」が項構造を持たない動詞であるとする分析である.これに対して,動詞的名詞が対格標示を持つ軽動詞構文では,「する」が本動詞として働くとする分析もある(Terada(1990),Uchida and Nakayama(1993)など).

本章では,軽動詞構文に現れる項が「する」に由来する場合と動詞的名詞に由来する場合があることを示す.具体的には,動詞「する」が項構造を持ち,節のレベルで項に動作主や対象の意味役割を主語と目的語に与える.しかし,「する」が与えない意味役割を,動詞的名詞が項に対して与える場合がある.動詞的名詞の選択する項は,動詞的名詞句で意味役割が与えられるが,項上昇の操作を受けて動詞的名詞句から抜き出されると節の項となる.軽動詞構文においてこのような統語操作が関与することは,いくつかの経験的事実から確認できる.

2. 軽動詞構文に現れる「する」

「する」がどのような項構造を持っているかという問題を取り上げる先行研究で扱われている(「する」の目的語に動詞的名詞をとる)「VN-をする」タイプの構文に対しては,「する」が項構造を持たないとする Grimshaw and Mester(1988)のような考え方と,「する」が他動詞であるとする Terada(1990)や Uchida and Nakayama(1993)のような考え方がある.

は,項構造を持たない.それでも「会議をする」「贈り物をする」のように,「会議」や「贈り物」は「する」の目的語として現れる.ただし,この場合の「する」は,軽動詞ではなく,行為を表す本動詞である.

また，動詞的名詞句が対格で標示できない「VN-する」タイプの構文は，Miyagawa (1989b) が動作主をとらない非対格構文であると論じている．

本論では，「VN-をする」タイプの構文も「VN-する」タイプの構文も，同じ「する」が使用されると主張する．ただし，軽動詞構文では，動作主主語をとるか非動作主主語をとるかによって「する」が (3) のような異なる項構造を持つことを論じる．

(3) a. する：＜動作主，（着点），主題 $_{\text{(VN)}}$ ＞　　（動作主主語構文）

b. する：＜主題 $_{\text{(VN)}}$ ＞　　　　　（非動作主主語構文）

軽動詞構文は，動作主主語をとる場合，「X が VN の表す行為を（Y に対して）行う（X does the act of VN (to Y))」という意味を表し，(3a) のような項構造を持つ（「主題 $_{\text{(VN)}}$」は動詞的名詞句に与えられる意味役割を指す）．これに対して，非動作主主語をとる場合，軽動詞構文は「VN の表す出来事が起こる（The event of VN takes place)」という意味を表し，(3b) のような項構造を持つ．

本論では，動作主主語タイプの軽動詞構文に現れる「する」も非動作主主語タイプの軽動詞構文に現れる「する」もともに他動詞であると提案する．通常，他動詞は，主語と目的語を選択するので，(3a) の項構造を持つはずである．しかし，軽動詞構文の「する」は，もともと (3a) の項構造を持つが，動作主を抑制することによって，(3b) の項構造を作り出すことができる．そのため，「する」が (3b) の項構造を持つと，非動作主主語タイプの軽動詞構文が派生されることを論じる．

最初に，Grimshaw and Mester (1988) 分析について見ていくと，Grimshaw and Mester は，(4) のような例を用いて，項の意味役割は動詞的名詞に由来し，「する」は本来的には意味役割を持たないと提案している．

(4)　少年が村人にオオカミが来ると警告をした．

Grimshaw and Mester の分析では，(5a) のように動詞的名詞「警告」がすべての項の意味役割を持ち，(5b) のように「する」の項構造には意味役割が指定されていないと主張する．動詞的名詞のとる項が節の項として現れる

場合，(5c) のように，動詞的名詞の意味役割が「項転移 (Argument transfer)」によって動詞「する」に転移された上で，「する」が節の項に意味役割を与えるとしている．

(5) a. 警告 (Agent, Goal, Theme)
　　b. する (　　) <acc>
　　c. 警告 (　　) ＋する (Agent, Theme, Goal) <acc>

軽動詞構文に現れる項の意味役割がすべて動詞的名詞に由来するという提案は，Saito and Hoshi (2000) にも見られる．ただし，Saito and Hoshi (2000) では，意味役割の付与は，名詞が LF レベルで動詞に編入することにより可能になると提案している．

　軽動詞構文の「する」が他動詞であるとする分析もある（本論の見方からすると，他動詞は，項に与える意味役割を持っていることになる）．例えば，Terada (1990) は，軽動詞構文において，動詞的名詞が「を」格をとる場合には，主語が動作主に制限されることを観察し，このタイプの構文に現れる動詞「する」は，（主語と目的語を選択する）他動詞であるとする．これに対して，複合語の一部となる「する」は，そのような制限がないために，（主語を選択しない）非対格動詞であるとする（Hasegawa (1991) も参照）．Uchida and Nakayama (1993) も，動詞的名詞が「を」格目的語で現れる軽動詞構文の「する」は，軽動詞ではなく，他動詞であると主張する．

　本論の分析では，「する」が項構造を持つと主張するが，項構造は動作主主語をとるか非動作主主語をとるかで異なる．動作主主語をとる (4) の軽動詞構文では，(6) で示されているように，「する」が動作主と着点及び動詞的名詞 (VN) を選択し，動詞内で「する」から意味役割が与えられる．その後，主語（動作主）は節の主語位置に移動する．[2] これに対して，主題（ここでは「と」節）の意味役割は，動詞的名詞句の中で主要部の動詞的名詞 (VN) から与えられる．

---

[2] 軽動詞構文の動作主主語は，動詞句内で意味役割が与えられ，節の主語位置に上昇するが，説明を簡潔にするため，以降の議論では，「する」が持つ意味役割は節の項に対して付与されるとして言及する．

第 4 章　軽動詞構文　　　　　　　　　　77

(6)　[$_{TP}$ 動作主 $_i$ [t_i 着点 主題 $_j$ [t_j VN$_{<主題>}$]-をする $_{<動作主, 主題 (VN)>}$]

(4) の主題項（「と」節）は動詞的名詞が選択し，最初に動詞的名詞から投射する句の中に現れて意味役割が与えられる．そして，その後，主題項は項上昇（argument raising）の操作を受け，節の項として現れる．ここで提案する分析では，Grimshaw and Mester の分析とは異なり，動詞的名詞の持つ意味役割は，すべて動詞的名詞の投射の中で付与される．

　上の説明では，「する」が選択する項は節内で意味役割を受けるが，動詞的名詞が「する」の持つ意味役割と同じ意味役割を項に与えることを妨げるものではない．(7) のように，動詞的名詞が意味役割を与える項を動詞的名詞の中に（随意的に）生起させることも可能であるからである．

(7)　（少年の）（村人への）警告

1 つの文の中に同じ意味役割を持つ項が 2 つ現れることは通常は許されないが，軽動詞構文では，意味役割を与える主要部が 2 つあるため，2 つの異なる位置に同じ意味役割を与えることが可能である．そのため，「する」と動詞的名詞から同じ意味役割を与えられた項が 2 つ文中に現れることもある．このような軽動詞構文は，以下でも議論するように，適切な文脈が与えられると，適正な解釈が与えられる．

　非動作主主語が現れる (8a) の軽動詞構文の「する」は動作主を選択しない「する」で，動詞的名詞句に主題の意味役割を与える．非動作主主語は，(8b) で示されているように，動詞的名詞句内に生成され，主題の意味役割を受け取り，その後，項上昇によって主語位置に移動する．

(8) a.　火山が噴火をした．
　　 b.　[$_{TP}$ 火山が $_i$ [t_i 噴火 $_{<主題>}$]-を する $_{<主題 (VN)>}$]

この分析では，意味役割の付与は，意味役割を持つ主要部の投射内で起こる．動作主主語の軽動詞構文と非動作主主語の軽動詞構文はともに，項構造

を持つ主要部要素と局所的な関係を持つことによって項への意味役割の付与が成立する．Grimshaw and Mester (1988) の分析は，この一般化に反する例を作ることになるが，本論の分析では，そのような例外が起こらないことになり，理論的にも望ましい帰結が得られる．

なお，(8a) の構文では，「する」が (3b) の ＜主題 (VN)＞ の項構造を持つが，これは，他動詞の項構造 ＜動作主，主題 (VN)＞ から「動作主」を取り去ったものが使用されているからで，(8a) において自動詞の「する」が使用されているわけではない．[3] 自動詞用法の「する」は，対格を認可しない．軽動詞構文の「する」が自動詞であるならば，「火山」が「噴火」の中に含まれる (9) の形式が許されることが期待されるが，実際には，許されない．

(9) *[火山の噴火] がした．

軽動詞構文に現れる「する」に自動詞の用法があると，(9) のような形式が可能となるはずであることは，「する」同じような軽動詞的な用法のある「始める／始まる」を用いることで確認できる (Matsumoto (1996))．

(10) a.　火山が噴火を始めた．

　　 b.　[火山の噴火] が始まった．

他動詞の「始める」では，(10a) のように，他動詞の形式で出来事の「開始」の意味が表される．しかし，自動詞の「始まる」では，同じ意味を表すのに，(10b) のように，「火山」が主語の「噴火」の中に現れる自動詞構文の形式が使用される．「する」の軽動詞構文の場合には，(8a) の他動詞構文の形式は

---

[3] ここでは議論しないが，他動詞の項構造 ＜動作主，主題＞ から動作主を抑制する操作は，「する」だけに起こるわけではない．例えば，(i) のような例は，他動詞「引く」の項構造に対して動作主の抑制が起こり成立していると考えられる．

　(i)　納豆が長い糸を引いている．

(i) では，他動詞の「引く」が用いられているが，主語は他動詞「引く」が選択する動作主ではない．また，「引く」が他動詞でないことは，(ii) の自動詞の形式が非文法的であることから確認できる．

　(ii)　*[納豆の長い糸] が引いている．

日本語においては，他動詞の選択する動作主を抑制することによって，非動作主主語構文が構築されるという現象が「する」の軽動詞構文以外でも観察されるのである．

可能であるが，（9）の自動詞構文の形式は不可能であることから，非動作主
主語構文で使用される「する」は自動詞ではなく，他動詞であることがわか
る．

　要するに，動作主主語をとる軽動詞構文の「する」は「X が VN の表す行
為を（Y に対して）行う（X does the act of VN (to Y)）」という意味を表
す．この意味から，軽動詞構文に現れる「する」は，動作主，（着点），及び，
（動詞的名詞句に与える）主題 $_{(VN)}$ の意味役割を持つ（すなわち，＜動作主，
（着点），主題 $_{(VN)}$ ＞ の項構造を持つ）のである．「する」が意味役割を与え
ない項は，動詞的名詞によって意味役割が与えられ，項上昇の操作によって
節の項として現れる．非動作主主語の軽動詞構文では，「する」が動詞的名
詞句のみを内項として選択し，非動作主主語が動詞的名詞句からの項上昇に
よって生起する．次節では，本論の分析を支持する経験的な証拠を見てい
く．

3.　軽動詞構文の形式を認定する経験的な証拠

　軽動詞構文に現れる項の意味役割は「する」によって与えられるか，動詞
的名詞によって与えられるかのいずれかになる．動詞「する」が選択する項
と動詞的名詞が選択する項は，適正束縛条件（Proper Binding Condition）
の効果，項重複（Argument Doubling），特定性条件（Specificity Condition）
の効果，及び，項削除（Argument Ellipsis）を見ることによって区別するこ
とができる．

　例えば，（11）の 2 つの軽動詞構文は，同じ格パターンを持っているが，
与格項の持つ意味役割は異なる．（11a）の与格項は「着点」を表すが，（11b）
の与格項は「（変化の）結果（result）」を表す．

(11) a.　先生が学生に助言をした．　　　　　　　　　　（動作主 着点 VN）
　　　 b.　先生が実業家に転身をした．　　　　　　　　　（動作主 結果 VN）

動作主主語の軽動詞構文が「X が（Y に）VN の表す行為を行う（X does
the act of VN (to Y)）」という意味を表し，（11a）では，着点を表す与格項

は「する」から意味役割を与えられる．一方で，(11b) の「結果」の意味役割は，「する」が与えることができない．この場合，結果項は，最初に動詞的名詞句の内部で結果の意味役割が付与され，項上昇によって動詞的名詞句から抜き出され，節の項になる．

　(11) の 2 つの与格項は異なる主要部から意味役割を受けており，節の中に現れる項が項上昇の操作によって動詞的名詞から取り出されたかどうかは，適正束縛条件 (Proper Binding Condition) の効果を見ることによって確認できる．まず，(12) からわかるように，(11a) の動詞的名詞句を，スクランブリング，題目化，関係節化，擬似分裂化の統語操作によって移動させても問題はない．

(12) a. 助言を$_i$ 先生が学生に t_i した．　　　　（スクランブリング）

　　 b. 助言は$_i$ 先生が学生に t_i した．　　　　　　　（題目化）

　　 c. [先生が学生に t_i した] 助言$_i$　　　　　　　　（関係節化）

　　 d. [先生が学生に t_i したの] は助言$_i$ だ．　　　　（擬似分裂化）

これに対して，(11b) の動詞的名詞句に同様の統語操作を適用すると，(13) のように容認されない．

(13) a. *転身を$_i$ 先生が実業家に t_i した．　　　　（スクランブリング）

　　 b. *転身は$_i$ 先生が実業家に t_i した．　　　　　　（題目化）

　　 c. *[先生が実業家に t_i した] 転身$_i$　　　　　　　（関係節化）

　　 d. *[先生が実業家に t_i したの] は転身$_i$ だ．　　　（擬似分裂化）

(13) が容認されないのは，適正束縛条件の違反が起こることによる (Saito (1989))．(13a) は，まず (14a) のように，動詞的名詞句の中にある結果項が項上昇によって動詞的名詞句から取り出され，次に (14b) のように動詞的名詞句がスクランブリングによって結果項よりも構造的に上位の位置に移動する．

(14) a. [先生が 実業家に$_i$ [t_i 転身]-を した]

b. *[[t_i 転身] を$_j$ 先生が 実業家に$_j$ t_j した]
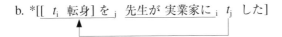

(14) の派生の結果，結果項は動詞的名詞句の中に残された痕跡（コピー）を c-統御できなくなり，容認されない文ができる．(13b-d) も同様に結果項が痕跡（コピー）を c-統御できない構造が派生され容認されない．これに対して，(12a) では，(15) で示されているように，痕跡（コピー）が含まれない「助言」の動詞的名詞句が主語「先生」と着点の「学生」を越えて，文頭に前置されている．

(15) [助言を$_j$ 先生が 学生に t_i する]

動詞的名詞句からの抜き出しが起こっていない (12a) では，VN 内に与格項の痕跡（コピー）はなく，動詞的名詞句に対して移動の操作が適用されても適正束縛条件の違反のような問題は起きない．このことは，(12b-d) の派生においても同じである．

次に，項の重複の可能性について見ると，項の重複は，動詞「する」と同じ意味役割を動詞的名詞が項に与える時に起こる現象である．例えば，「警告する」の着点は，(16) のように，2 通りの現れ方が可能である．

(16) a.　先生が健太に警告をした．
　　 b.　先生が [健太への警告] をした．

(16a) と (16b) の「健太」は，異なる格標示を持ち，現れる構造位置も異なるが，どちら場合も「健太」は警告の行為が向けられる「着点」と解釈できる．「警告をする」の場合，(17) に示されているように，異なる格標示を持つ着点項を同時に表出することが可能である．

(17)　先生が健太に [真理への警告] をした．

(17) の文を適切に解釈するには，もともと真理に向けられるはずの警告が真理の代わりに（あるいは誤って）健太に発せられたという「代理（proxy）

の文脈」が必要になる．(17) が適格であるのは，「する」が与格項に着点の意味役割を与え，それとは独立に，動詞的名詞がその投射内に現れる属格項に着点の意味役割を与えることができるからである．

これに対して，着点項が同じ格標示を持つ場合には，どのような文脈を想定しても重複させることはできない．

(18) a. *先生が [健太への真理への警告] をした．
　　 b. *先生が健太に真理に警告をした．

(18) の 2 つの文の非文法性は，異なる要因から生じていると考えられる．(18a) の場合，動詞的名詞句の内部に，2 つの着点項が現れている．動詞的名詞は，着点の意味役割を 1 つしか与えられないので，(18a) は解釈できない非文となる．(18b) については，「に」格の着点項が 2 つ現れている．(18b) では，「する」と動詞的名詞がそれぞれ，着点の意味役割を与えることができるので，2 つ着点項が現れてもよい．しかし，動詞的名詞によって着点の意味役割が与えられる項が項上昇によって節の項となると，節中に「に」格の着点項が 2 つ現れる．「に」格を認可するのは，軽動詞の「する」であるが，この動詞は「に」格を 1 つしか認可しないために，(18b) は非文法的になってしまう．このように，軽動詞構文の 2 つの着点項に対しては，同じ格標示を与えてしまうと意味役割の付与や格の認可に問題が生じるため，文法的な文を構築することができない．

次に，「転身」の場合も，(19) のように，結果項を与格あるいは属格で標示できる．

(19) a.　先生が実業家に転身をした．
　　 b.　先生が [実業家への転身] をした．

「警告」とは異なり，「転身」の場合は，(20) からわかるように，たとえ格標示が異なっていたとしても結果項を重複させることはできない．

(20) a. *先生が実業家に [政治家への転身] をした．
　　 b. *先生が実業家に政治家に転身をした．

第4章　軽動詞構文　　　83

c. *先生が [実業家への政治家への転身] をした.

これは,「する」が結果項をとることができず,「転身」のみが結果の意味役割を与えられるからである. 結果項は,「転身」により意味役割が与えられる. その結果項は,「転身」の投射内にとどまってもよいし, 項上昇によって節の項になってもよい. しかし, 結果項に対しては, 意味役割を与える主要部が1つしかないために, たとえ文脈が整っていたとしても, 意味役割の制限から項の重複は起こらず, (20) の文はすべて非文法的になる.

　項の選択の可能性を示す3つめの証拠は, 特定性条件 (Specificity Condition) の効果から得られる. 特定性条件は名詞句からの抜き出しにかかる制限である.

(21) a.　Who did you see a picture of?

b. *Who did you see that picture of?

英語では, (21) で示されているように, 特定の指示を持つ名詞句から Wh 句の抜き出しができない.

　日本語の軽動詞構文において動詞的名詞句内からの項上昇が起こる場合には, 特定性条件違反の効果が観察される. 例えば,「転身」を主要部とする名詞句では, 前に「その」「あの」「例の」「その時の」のような特定の指示を持つ限定表現が付いた場合に, (22) のように容認性に違いが現れる.

(22) a.　先生が [その実業家への転身] をした.

b. ?*先生が実業家にその転身をした.

(22a) のように, 特定の指示を持つ動詞的名詞句の「その転身」の中に結果項がある場合には, 特定性条件の違反は起こらない. しかし, (22b) のように, 結果項が節に現れ与格で標示されると文の容認性は下がる.[4] ちなみに,

---

[4]「その」が動詞的名詞句を修飾する解釈は,「その」と「実業家」の間に少しポーズを置くと得やすい. なお, (22b) と同様に, (i) のような場合でも, 結果項は動詞的名詞句から抜き出されているわけではないが, 容認されない.

(i) ?*先生が [実業家へのその転身] をした.

これは,「実業家」が「その」を越えて動詞的名詞句の左端に現れているからである. この

84   第 I 部　構文と格

「転身」は特定の指示を持たなければ，(23) のように形容詞などの修飾が可
能である．

(23) a.　あの先生は実業家に華麗な転身をした．
　　　b.　あの先生は実業家への華麗な転身をした．

(21) の英語の例と同様に，(22b) において項の抜き出しに起因する特定性
条件の効果が観察されるという事実は，結果項の「実業家」が動詞的名詞句
「転身」の中で意味役割を受け，その後に項上昇により抜き出されているこ
とを示唆している．

　これに対して，動詞的名詞が「警告」の場合は，特定性条件違反の効果は
現れない．

(24) a.　あの先生が健太にその（厳しい）警告をした．
　　　b.　あの先生が [その健太への（厳しい）警告] をした．

特定の指示を持つ「その」が動詞的名詞句に含まれる (24a) と (24b) の軽
動詞構文はともに文法的である．また，動詞的名詞句を修飾する形容詞の有
無も容認性に影響を与えない．「警告」の場合は，着点が与格で標示されて
いても特定性の効果が現れない．着点項は，動詞的名詞句からの抜き出しに
よって生起するのではないからである．

　項の抜き出しの可能性を確認できるもう 1 つの証拠は項省略の事実から
得られる．日本語においては，動詞の選択しない項が文に現れることがあ
る．その代表例が大主語と意味上の主語が主格で標示される多重主語構文で
ある．

(25) a.　健太が目が赤い．
　　　b.　[健太の目] が赤い．
　　　c.　健太が $_i$ [t_i 目] が赤い．

───────────────────

ことは，特定性条件の違反は，項が動詞的名詞句の指定部に現れる「その」を越えて名詞句
に付加される場合でも観察されることを示している．

第 4 章　軽動詞構文　　　　　　　　　　　85

Kuno (1973) によると，(25a) の「が」格の大主語は (25b) の（主語の中に含まれている）「の」格項に「主語化 (subjectivization)」が適用されることによって派生される．そうすると，(25a) の大主語構文は，大主語が意味上の主語からの抜き出しによって節の項になっている (25c) の構造を持っていることになる．

　大主語構文では，大主語のホストになる，「赤い」の意味上の主語を省略すると容認されない．

　(26)　*三日前は健太が目が赤かったが，昨日は真理が赤かった．

(26) の第 1 文が第 2 文の先行文脈になる場合，第 2 文の主語を省略してしまうと，第 2 文の意図した意味では容認されない．[5] このことは，項上昇によって項が抜き出された場合には，項の痕跡（コピー）が残るホストを省略できないという制約がかかることを示唆している．

　軽動詞構文においても，動詞が直接選択しない節の項は，動詞的名詞句からの項上昇によって節の項になる．そうすると，大主語構文と同じように項を選択する動詞的名詞句が削除されると，容認されなくなることが予測される．実際，「助言をする」と「転身をする」の文に現れる「に」格で標示される項については，(27) のような文法性の対比が観察される．

　(27)　a.　山田先生は健太に助言をしたが，鈴木先生は真理にした．
　　　　b.　*山田先生は実業家に転身をしたが，鈴木先生は政治家にした．

「助言をする」の軽動詞構文に現れる与格項は着点であり，「する」によって選択される．したがって，(27a) は適格である．これに対して，「転身をする」の軽動詞構文に現れる与格項は，「する」ではなく，動詞的名詞「転身」により結果の意味役割が付与される．そのために，与格項のホストである動詞的名詞句が省略された (27b) は非文法的になる．

　以上のように，軽動詞構文に現れる節の項の意味役割が軽動詞の「する」

---

　[5] 第 2 文の大主語の主格を「真理 {は / も} 赤かった」のように「は」や「も」で置き換えると容認性が上がる．これは，動詞的名詞句内からの抜き出しではなく，節中に基底生成される解釈が可能であるからである．

によって与えられるか，動詞的名詞によって与えられるかは，適正束縛条件
の効果・項重複・特定性条件の効果・項削除の現象を見ることによって確認
することができる.[6]

4.　対格項を2つとる軽動詞構文

　次に，動作主主語の軽動詞構文において，主語，動詞的名詞，及び動詞的
名詞のとる主題項が節の項として現れた場合に，これらの項がどのような振
る舞いをするかを見ていく．本節で検討する軽動詞構文は (28a) のような
他動詞文の形式を持つ．そして，(28a) の軽動詞構文は，一般に (28b) の
形式と交替することができる（影山 (1993)，田野村 (1988) などを参照）.

(28) a.　先生が学生を指導した.

　　　b.　先生が [学生の指導] をした.

---

　[6] 2節で見た軽動詞の特徴を示す「始める」を述語に持つ (i) においては，「する」の軽動
詞構文と同様に，主語が動詞的名詞句から供給されていると考えられる.
　　(i)　火山が噴火を始めた.
このことは，(i) の動詞的名詞句を移動によって主語よりも高い構造位置に移動すると，
(ii) で示されているように，適正束縛条件の違反の効果が現れることにより検証できる.
　　(ii) a. *噴火を $_i$ 火山が t_i 始めた.　　　　　　　　　　　　　　（スクランブリング）
　　　　b. *噴火は $_i$ 火山が t_i 始めた.　　　　　　　　　　　　　　　　（題目化）
　　　　c. *[火山が t_i 始めた] 噴火 $_i$　　　　　　　　　　　　　　　　　（関係節化）
　　　　d. *[火山が t_i 始めたの] は噴火 $_i$ だ.　　　　　　　　　　　　（擬似分裂化）
次に，(i) においては，(iii) で示されているように，項を節と動詞的名詞句内に重複させ
て表出することもできない.
　　(iii) *こちらの火山があちらの火山の噴火を始めた.
さらに，(iva) のように，「昨日の」のような特定の時間を指定する表現が動詞的名詞句の
中に現れると，特定性条件の効果も観察される.
　　(iv) a. *あの火山は昨日の噴火を始めた.
　　　　b.　あの火山は昨日噴火を始めた.
このような効果は，(ivb) のように，副詞の「昨日」が使用された場合には見られない．最
後に，(v) で示されているように，動詞的名詞句の項省略もできない.
　　(v) ?*昨日，あの火山が噴火を始めたが，今日は，この火山が始めた.
これらの事実は，「火山が噴火をした」において観察されるものと同じである．このことか
ら，「始める」が述語となる (i) の構文の主語「火山」は「噴火」から意味役割を与えられ，
その後に，主語位置に移動したとすることができる.

動作主主語をとる軽動詞構文では，「する」が「X が VN の行為を（Y に対して）行う（**X does the act of VN (to Y)**）」という意味を表すため，＜動作主，（着点），主題 (VN)＞の項構造を持つ．そうすると，(28a) では，(29) のような派生が起こっていると考えることができる．

(29) a. ［先生が［学生の指導＜主題＞］をする＜動作主, 主題 (VN)＞］

　　 b. ［先生が 学生を ₁［ t_i 指導］を する］

　　 c. ［先生が 学生を ₁［ t_i 　 t_j ］指導 ₁－する］

(29a) が意味役割を与えられる際の構造である．(29a) では「する」が「先生」に動作主の意味役割を与え，動詞的名詞句に主題 (VN) の意味役割を与える．「学生」は動詞的名詞「指導」から意味役割を与えられ，(29b) のように，項上昇の操作を受けると節の項（対格項）として具現化される．さらに，(29c) のように動詞的名詞が「する」に編入されると，(28a) が派生される．

　動詞的名詞として「指導」が用いられている軽動詞構文においては，(30) のような形式も可能である．

(30)　先生が学生に指導（を）する．

(30) は，(28) と似た意味を表すが，この場合の「学生」は，「**X does the act of VN (to Y)**」の Y に相当する項であり，動詞「する」が選択する着点項である．したがって，(30) の意味役割は，(31) のように，すべて「する」が持っている．

(31)　［先生が　学生に　指導を　する＜動作主, 着点, 主題 (VN)＞］

(30) の「先生」「学生」「指導」はすべて軽動詞「する」から意味役割が与えられる．ここで注意すべき点は，(30) の軽動詞構文の「学生」は「する」が選択する着点であり，(28a) とは異なり，動詞的名詞句からの抜き出しにより節の項となったのではないことである．

　3 節で見たように，動詞的名詞句から項の抜き出しが起こっているかどう

かについてはいくつかのテストで確かめることができる．以下では，それぞれのテストに対して，(28a) の「学生を指導する」と (30) の「学生に指導をする」の構文で節の項がどのような振る舞いをするかを見ていく．

　まず，(28a) のように，動詞的名詞句以外の対格目的語が現れる構文では，日本語に特有の格制約の 1 つである二重「を」格制約のため，(32a) のように動詞的名詞句を対格で標示することができない．

(32) a. *先生はあの学生を指導をした．
　　 b.　先生はあの学生を指導はした．

(32a) では，動詞的名詞句の対格標示はできないが，(32b) のように，「は」や「も」のような助詞（副助詞）は動詞的名詞句の右側に現れることができる（また，対格の「学生」が省略された場合には，動詞的名詞句を対格で標示することも可能である）．

　動詞的名詞に「する」への編入が起こらず，動詞的名詞句が動詞と独立の要素として機能している (32a) は，二重「を」格制約によって排除されるが，(32b) のように「は」などの助詞が動詞的名詞句に付加され対格標示が現れなくなると，「指導」と「する」の間に「少しばかり」のような副詞を入れることができる．

(33) a.　先生はあの学生を指導は少しばかりした．
　　 b. *先生はあの学生を指導少しばかりした．

「指導した」のように一語化した表現に対しては，(33b) のように副詞の介在は許されないので，(33a) の「指導」は「する」と一体化していないことがわかる．

　「指導」と「する」の間に助詞が入る形式においては，動詞的名詞は「する」と結合しない．このように，動詞的名詞句が「する」と独立していると，移動の操作が可能になる．この場合，「指導」は「する」と隣接する位置に現れる必要は必ずしもない．実際に，(33a) の助詞を伴う「指導」は，スクランブリングが適用されて，「少しばかり」よりも左の位置に置かれたと考えら

れる.[7]

　軽動詞構文においては，動詞的名詞句から項の抜き出しが起こると動詞的名詞句の移動には，適正束縛条件がかかる．実際，以下でも見るように，動詞的名詞句からの項の抜き出しがあるかないかによって動詞的名詞の移動の可能性に違いが出る．まず，(34) の例は，スクランブリング・題目化・関係節化・擬似分裂化による (28b) の「学生の指導」の移動の可能性を示している.

(34) a. [学生の指導] を$_i$ 先生が t_i した.　　　　　（スクランブリング）
　　 b. [学生の指導] は$_i$ 先生が t_i した.　　　　　　　（題目化）
　　 c. [先生が t_i した] 学生の指導$_i$　　　　　　　　（関係節化）
　　 d. [先生が t_i したのは] 学生の指導$_i$ だ.　　　　　（擬似分裂化）

(34) で示されているように，動詞的名詞句「学生の指導」は，主語の「先生」よりも構造的に高い位置に現れても問題がない．(34) には適正束縛条件の効果が出ないため，動作主主語は，動詞的名詞ではなく，「する」によって選択されている項であることがわかる.

　これに対して，対格項が現れた (28a) の軽動詞構文において，「指導」から投射した動詞的名詞句を対格項「学生」よりも上位の構造位置に移動すると容認されなくなる.

(35) a. *指導は$_i$ 先生が学生を t_i した.　　　　　　　（題目化）
　　 b. *[先生が学生を t_i した] 指導$_i$　　　　　　　（関係節化）
　　 c. *[先生が学生を t_i したの] は指導$_i$ だ.　　　　（擬似分裂化）

なお，(28a) のタイプの軽動詞構文では，動詞的名詞句を「を」格標示できないため，スクランブリングによる移動のテストは適用できない．題目化，関係節化，擬似分裂化による動詞的名詞句の移動は可能なはずであるが，(35) で示されているように，適正束縛条件違反の効果が現れることから，

---

　[7] 逆に，動詞的名詞句に移動の操作を適用することによって，動詞的名詞句を対格の与えられない位置に置くと，助詞を付加する必要もなくなる.

（28a）の「学生」は動詞的名詞句内からの項上昇によって節の項となっていることがわかる．

　「学生」が（30）のように対格ではなく与格で標示されている場合は，（36）で示されているように，「指導」が「学生」よりも高い構造位置に移動されても文法的である．

(36) a. 指導を_i 先生が学生に t_i した． （スクランブリング）
　　　b. 指導は_i 先生が学生に t_i した． （題目化）
　　　c. [先生が学生に t_i した] 指導_i （関係節化）
　　　d. [先生が学生に t_i したのは] 指導_i だ． （擬似分裂化）

「学生」が与格（「に」格）で標示されている場合には，動詞的名詞句が対格標示されてもかまわないため，（36a）のようなスクランブリングの操作も可能である．（36）では，適正束縛条件の効果が現れないので，与格目的語の「学生」は，「する」によって選択される項（着点項）であり，動詞的名詞句からの項上昇によって派生されていないことがわかる．

　次に，（28a）の軽動詞構文における項の省略の可能性を見ると，（37）に示されているように，他動詞タイプの軽動詞文が先行文脈となって，第2文において対格項と動詞的名詞句がともに省略されると容認されるが，対格項を残して動詞的名詞句の省略はできない．

(37) a. 山田先生は花子を指導するが，鈴木先生はしない．
　　　b. *山田先生は花子を指導するが，太郎をしない．

これに対して，（30）の軽動詞構文においては，与格項を残したまま動詞的名詞句を省略しても問題がない．

(38) a. 山田先生は花子に指導をするが，鈴木先生はしない．
　　　b. 山田先生は花子に指導をするが，太郎にはしない．

（37b）と（38b）の文法性の対比から，（28a）の対格項の「学生」は動詞的名詞句内からの項上昇により節の項になっている一方で，（30）の与格項の「学生」は，「する」により意味役割が与えられ節中に生起した項であることが

第 4 章　軽動詞構文　　　　　91

わかる.

　3 節では，名詞句の抜き出しにかかる特定性条件の効果から，動詞的名詞「転身」のとる結果項が動詞的名詞句から抜き出されて節の項となると与格で標示されることを示す証拠の 1 つになることを論じた.

(39) a.　先生は [その実業家への転身] をした.
　　　b. *先生は実業家にその転身をした.

(39b) で観察されるのと同様の特定性条件の効果は，(40b) のように対格項が現れる他動詞タイプの軽動詞構文においても観察される.

(40) a.　先生が [その学生の指導] はした.
　　　b. *先生が学生を [その指導] はした.

「指導」の例においても，(40a) のように「学生」が動詞的名詞句「指導」に含まれていれば，「その」が動詞的名詞句を修飾していてもよい. しかし，「学生」が対格で標示され動詞的名詞句の外にある場合は，動詞的名詞句が「その」によって修飾されると容認されなくなる. このことは，「学生」が動詞的名詞句から抜き出されることによって節の項となっていることを示唆している.

　特定性条件の効果は，「指導（を）する」のとる「学生」が与格で標示されていると現れない. したがって，(41) は文法的な文である.

(41)　先生が学生に [その指導] はした.

これは，(41) の与格で標示された「学生」が「する」によって選択された項であって，動詞的名詞句からの抜き出しによって節に現れた項ではないからである.

　形容詞の修飾についても，「学生に指導（を）する」に現れる与格の「学生」と「学生を指導する」の対格の「学生」の振る舞いが異なる. 例えば，(28a) の「学生を指導する」の軽動詞構文は，(42a) のように，動詞的名詞が形容詞によって修飾されると，容認性が下がる. しかし，(42b) のように，「学生」が与格項として現れる場合には，形容詞の動詞的名詞への修飾が許さ

92 第I部 構文と格

れる.

(42) a. ?*先生は学生を厳しい指導はしなかった.
    b.   先生は学生に厳しい指導はしなかった.

ここで生じる問題は,「学生」が対格で標示された場合に,なぜ動詞的名詞が形容詞の修飾を許さないかである.

3節でも見たように,結果を表す与格項を持つ「転身をする」の軽動詞構文においては,特定の指示を持つ「その」は容認されないが,特定の指示を持たない「華麗な」のような名詞修飾表現は容認される.

(43) a. ?*あの先生は実業家にその転身をした.
    b.   あの先生は実業家に華麗な転身をした.
    c.   あの先生は [実業家への華麗な転身] をした.

(43a) と (43b) は,(43c) の「実業家」が動詞的名詞句内から抜き出されることにより派生された文で,「その」と「華麗に」という修飾語の違いによって,容認性に差が観察される.

(28a) のような動詞的名詞句以外に対格項の現れる構文 (「学生を指導する」) では,「学生」が動詞的名詞句から抜き出されているのであれば,(40b) で示されるように,「その」のような特定の指示を持つ表現を動詞的名詞句に含むことはできない. しかし,「厳しい」のよう特定の指示を持たない形容詞が修飾する (42a) も容認性が低くなる. このことは,特定性条件以外の要因が (42a) の容認性の低さを招いていることを示唆している. 以下では,(42a) の逸脱性が,動詞的名詞を「する」に編入できないことによる二重「を」格制約の違反から生じていることを論じる.

二重「を」格制約は,日本語に特有の格配列の制限であるが,Harada (1973) 以来,表層二重「を」格制約と深層二重「を」格制約の2つのタイプが存在することが論じられている (Poser (2002)). 深層二重「を」格制約は (44) のような使役文において典型的に観察される.

(44) a.   先生は子供に本を読ませた.

b. *先生は子供を本を読ませた.

c. *先生は子供を本は読ませた.

(44) の使役文は，使役の「させ」に他動詞節を埋め込んで派生されている.
他動詞が使役動詞に埋め込まれた場合，項の格配列は「が-に-を」とならなければならず，「が-を-を」の配列は，二重「を」格制約の違反により容認されない. この構文では，「本」の「を」格を「は」のような助詞で置き換えても非文法性に変化は観察されない.

経路を示す対格項を持つ自動詞節を埋め込んだ (45a) の使役文も「が-を-を」の格配列が許されないが，(44) の使役文とは異なり，経路句「浜辺」の「を」格を「は」で置き換えた (45c) は容認される.

(45) a.　先生は子供にその浜辺を歩かせた.

b. *先生は子供をその浜辺を歩かせた.

c.　先生は子供をその浜辺は歩かせた.

(44b) と (45b) は，ともに二重「を」格制約によって排除されると考えられる. しかし，(44c) と (45c) は，表面上「を」格標示が二重に現れると排除される場合（表層二重「を」格制約）と表層での格標示にかかわらず排除される場合（深層二重「を」格制約）があることを示している.

それでは，(28a) のような軽動詞構文はどちらの制約がかかるのであろうか. 先にも見たように，動詞的名詞を修飾する形容詞がない場合には，(46b) で示されているように，動詞的名詞の対格を「すら」のような助詞で置き換えると二重「を」格制約の違反を回避できる.

(46) a. *鈴木先生があの学生を指導をしなかった.

b.　鈴木先生があの学生を指導すらしなかった.

(46) の事実は，(28a) の「学生を指導する」の構文が表層二重「を」格制約を受けていることを示唆している (Saito and Hoshi (2000) 参照).[8] しかし，

---

[8]　(46b) は，容認可能と判断しているが，「学生」が「指導」の中に現れる形式である「鈴木先生が学生の指導すらしなかった」と比べると容認性がやや落ちる.

「学生を指導する」の「指導」が名詞修飾語によって修飾されている場合には，(47b) のように，表層で「を」格項が2つ現れないようにしても，適格にはならない（ただし，「を」格項が2つ現れる (47a) よりは容認性が高い）．

(47) a. *鈴木先生が学生を受験のための指導をしなかった．
     b. ?*鈴木先生が学生を受験のための指導すらしなかった．

(47b) では，対格標示される項は1つしか現れていない．そうすると，(47b) が容認されないのは，この構文が深層二重「を」格制約の違反を起こしているからということになる．

(46a) と (47b) には，異なるタイプの二重「を」格制約がかかっている．実際に，表層二重「を」格制約と深層二重「を」格制約の両方が軽動詞構文に関わる可能性がある．「学生を指導する」では，「学生」と「指導」がともに構造格を受ける可能性がある点で，付加詞の経路句が「を」格で現れる自動詞節が埋め込まれ，表層二重「を」格制約のみがかかる (45) の使役文とは異なる．「する」は「を」格の構造格を2つ与えることができないので，「学生」と「指導」のいずれかに対して，構造格の付与が免除されなければ，深層二重「を」格制約がかかると考えられる．[9]

Kishimoto (2001) が示唆しているように動詞的名詞 (VN) は論理構造で「する」に編入する可能性がある．一般に編入は主要部移動の一種であるために，主要部移動制約 (Head Movement Constraint) が適用される．特に，この操作は句の要素に対して適用できないことが知られている．いわゆる句排除制約 (No Phrase Constraint) である．例えば，(48) はこの制約により排除される．

(48) a. *鈴木先生が [受験のための指導] しなかった．
     b. *鈴木先生が [ちょっとした指導] しなかった．

---

[9] (47a) が (47b) よりも容認性が低いのは，(47a) では表層二重「を」格制約と深層二重「を」格制約の両方の違反が引き起こされるのに対して，(47b) では，深層二重「を」格制約の違反のみが起こるからであると考えられる．

第 4 章　軽動詞構文　　　　95

句排除制約は特定性条件とは独立の制約である．(48) を適格とするには，(49) のように動詞的名詞句には「を」格で標示される目的語の形式を持たせなければならない．

(49)　先生が [{受験のための / ちょっとした} 指導] をしなかった．

ここで，同じ句排除制約が論理構造での編入操作に対しても適用されると考え，Miyagawa (1989b) が示唆しているように，編入された動詞的名詞には構造格の付与が必要とならないと仮定すると，(46b) と (47b) の文法性の対比は以下のように説明できる．

　まず，(46b) については，論理構造 (LF) で動詞的名詞を「する」に編入できるために，最終的には「を」格目的語が 1 つだけになり，深層二重「を」格制約の違反が回避できる．

(50)　[　　　　学生を　　t_i　指導$_i$-する]

これに対して，(47b) については「指導」が形容詞によって修飾されているので，動詞的名詞の編入が阻止される．

(51) a. *[　　学生を　　受験のための指導を　する]
　　 b. *[　　学生を　 [受験のための　t_i] 指導$_i$-する]

そうすると，結局，(47b) に対しては論理構造において「を」格項が 2 つ存在する構造が残ることになり，深層二重「を」格制約が適用され，容認されない．

　「VN-をする」という形式を持つ軽動詞構文において動詞的名詞は句のステータスを持っていない場合に編入可能であり，修飾語を含む動詞的名詞に対しては編入が起こらない．したがって，動詞的名詞句に修飾語を含む (47b) のような軽動詞構文では動詞的名詞の「する」への編入は起こらない．「する」は対格の構造格を 1 つしか与えることができないので，(47b) は，深層二重「を」格制約の違反が引き起こされるのである．(ただし，動詞的

名詞句が項を含んでいても，(28a) のように項上昇により項が節の項になった文では，論理構造での動詞的名詞の「する」への編入が可能になる．)

　これまで見てきた事実は，軽動詞構文に表層二重「を」格制約と深層二重「を」格制約がかかることを示している．他動詞の目的語を含む構文（例えば，他動詞を埋め込んだ (44) の使役文）で深層タイプ二重「を」格制約の制約がかかるのであれば，表層二重「を」格制約に加えて，深層二重「を」格制約が軽動詞構文にかかることは十分に期待される．

　動詞的名詞が論理構造で編入する形式と編入しない形式が存在することは，Kishimoto (2001) が議論している「も」の未確定代名詞束縛により経験的に支持される．通常，「も」が未確定代名詞を束縛するには前者が後者を c-統御する関係を持たなければならない．

(52) *先生は誰に本も与えなかった．

しかし，軽動詞構文では一見例外的な現象が観察される．(53) は，「指導」に「も」が付いた場合の未確定代名詞束縛の可能性を示している．

(53) a.　先生は誰に助言もしなかった．
　　　b.?*先生は誰に厳しい助言もしなかった．

動詞的名詞が修飾語なしに現れた場合には，(53a) のように動詞的名詞句の外部にある項の「誰に」を「も」が束縛できる．（なお，(53a) の事実は，動詞的名詞に助詞が付加された場合には，動詞的名詞の「する」へ編入が統語のレベルでは阻止されるものの，論理構造では可能であることを示唆している．）しかしながら，「厳しい」という修飾語が動詞的名詞に付いた場合には，(53b) に示されるように，「も」は「誰に」を束縛できない．つまり，句に拡張していない動詞的名詞は，論理構造で「する」に編入されるため，動詞的名詞に後続する「も」の束縛領域が動詞句に拡張するが，動詞的名詞が句のステータスを持つ場合には動詞的名詞の「する」への編入が起こらず，動詞的名詞に付加されている「も」の束縛領域は拡張しないのである．

　ちなみに，対格項が現れる軽動詞構文でも動詞的名詞の編入が起こることは (54) の例によって検証できる．

第4章 軽動詞構文　　　　97

(54) a.　先生は誰を指導もしなかった．

　　 b.　先生は [誰の指導] もしなかった．

(54a) では，「指導」の後に現れる「も」が外部の項を束縛することができる．このことは，論理構造での動詞的名詞の編入が，(46b) の「学生を指導さえしなかった」のような，動詞的名詞に助詞が伴う形式においても起こることを示している．また，(54b) のように，「指導」に「も」が付いている場合には，動詞的名詞句の中に含まれている未確定代名詞を束縛することができる．

　「指導をする」の形式の軽動詞構文では，論理構造で「指導する」という形式が派生できる．そのため，(46b) のように，動詞的名詞が「すら」のような助詞を伴い，「を」格表示が現れなくなると，表層深層二重「を」格制約と深層二重「を」格制約の両方の制約の違反の回避ができる．しかし，「編入」の操作は，修飾語を含む句に対しては論理構造でも適用できないので，動詞的名詞が句のステータスを持つ (47b) では，深層二重「を」格制約の違反が起こる．

5.　非対格の軽動詞構文

　本節では，非動作主軽動詞構文において動詞的名詞句が非対格タイプであった場合の項の抜き出しについて考察する．Miyagawa (1989b)，Tsuji-mura (1990) などで議論されているように，「蒸発」が動詞的名詞となる非動作主主語構文では，(55a) のように動詞的名詞を対格で標示できない．

(55) a.　この液体が {?*蒸発をしなかった／蒸発しなかった}．

　　 b.　この液体が常温で蒸発は（まったく）しなかった．

　　 c.　この液体が蒸発も膨張もしなかった．

「蒸発」は通常，(55a) のように「蒸発する」という複合形式として現れるが，動詞的名詞と「する」が常に統語的に一語として現れなければならないということではない．(55b) のように動詞的名詞の後に「は」のような助詞

が現れると,「蒸発」と「する」の間に副詞を挿入することができるようにな
る.また,(55c) のように「も」のような助詞を使って等位接続もできる.
これらの事実は,助詞が「蒸発」と「する」の間に介在すれば「蒸発」が「す
る」に編入されていない形式も可能であることを示している.さらに,この
ことは,対格標示が現れなければ,「蒸発」は必ずしも「する」に編入する必
要がないことを示している.

　2節で議論したように,非動作主主語をとる軽動詞構文の「する」は「VN
の出来事が起こる (The event of VN takes place)」という意味を表し,「す
る」は動詞的名詞に与える主題の意味役割のみを持っている.非対格タイプ
の動詞的名詞「蒸発」も軽動詞の「する」から主題の意味役割を与えられる
ため,「水が蒸発する」の主語の「水」が持つ主題の意味役割は動詞的名詞内
で供給されなければならない.

(56) [水が $_i$ [$_{VNP}$ t_i 蒸発 $_{<主題>}$] する $_{<主題 (VN)>}$]

つまり,「水が蒸発する」の主語は,(56) のように,動詞的名詞から主題の
意味役割を与えられ,項上昇によって節の主語となっているのである.

　ちなみに,Miyagawa (1989b) では,動詞的名詞が「を」格標示できない
という事実に対してブルジオの一般化 (Burzio's generalization) による説
明を試みている (Burzio (1986)).Miyagawa の説明によると,「する」が
外項をとらない (つまり,「する」が動作主の意味役割を与えない) 場合,ブ
ルジオの一般化から目的語として現れる動詞的名詞には「する」が対格を与
えられず,そのために,動詞的名詞は義務的に「する」に編入した形式で現
れるとしている.しかし,非動作主構文では,2節で見た「火山が噴火をし
た」の例のように,動詞的名詞に対して対格で標示できる場合もある.

　また,Miyagawa の説明では,動詞的名詞を主格で標示することは可能で
あると予測される.しかし,実際には,(57a) の形式は可能でも,(57b) の
形式は可能ではない.

第 4 章 軽動詞構文　　　　　　　　　　　　　　99

(57) a.　水が蒸発さえした.

　　 b.　*[水の蒸発] がした.

(57a) は，助詞の「さえ」が「蒸発」と「する」の間に介在しているので，
「蒸発」は「する」に編入されていない．このことは，(57a) が主語と目的語
をとる他動詞構文を形成していることを示している．(57b) は，自動詞構文
の形式であるが，非文法的であることから，「蒸発する」の「する」は他動詞
であることがわかる．したがって，(57a) の構文は，他動詞の「する」の項
構造 ＜動作主，主題 (VN) ＞ から動作主が抑制された項構造の ＜主題 (VN) ＞
が用いられ，主語が動詞的名詞から上昇することによって成立した他動詞構
文であると言うことができる.

　非対格の動詞的名詞「蒸発」の軽動詞構文に現れる非動作主主語が動詞的
名詞句からの項上昇により派生されていることを示す証拠も，これまで議論
してきたテストから得られる．まず，(58) の例は，「蒸発」が主語よりも上
位の位置に移動すると容認性が下がることを示している.

(58) a.　*蒸発は ᵢ あの液体も tᵢ しなかった.　　　　　　　 （題目化）

　　 b.　*[あの液体が tᵢ しなかった] 蒸発 ᵢ　　　　　　　　 （関係節化）

　　 c.　*[あの液体が tᵢ しなかった] は蒸発 ᵢ だ.　　　　　 （擬似分裂化）

これに対して，「蒸発」を含む動詞的名詞句が主語よりも構造的に低い位置
に現れる (59) のような例は容認される.

(59) a.　あの液体は蒸発もほとんどしなかった.　　　　　　 （題目化）

　　 b.　[tᵢ 蒸発もしなかった] あの液体 ᵢ　　　　　　　　　 （関係節化）

　　 c.　[tᵢ 蒸発しなかったのは] あの液体 ᵢ だ.　　　　　　 （擬似分裂化）

(58) と (59) の文法性の対比は，「蒸発」を主要部とする動詞的名詞句が主
語よりも上位に位置するかどうかの違いに起因している．したがって，これ
らの事実から「水が蒸発する」の主語（主題項）は項上昇により節の項となっ
ていることがわかる.

　特定性条件の効果，及び，項の重複を見ることでも，「水が蒸発する」の

主語が項上昇によって派生されていることを確認することができる．「蒸発する」の軽動詞構文では特定性条件の効果が (60b) のように観察される．

(60) a. 昨日は，水が急激な蒸発はしなかった．
    b. *昨日は，水がその蒸発はしなかった．

動詞的名詞句が「は」のような助詞を伴っている場合には，(60a) のように，名詞修飾語を動詞的名詞に付加することが可能である．(60b) の「(水が) 蒸発する」は，特定性条件の効果を示すので，主語が動詞的名詞句内から抜き出されることがわかる．なお，動詞的名詞句が助詞を伴っていない場合には，動詞的名詞句に対する名詞修飾語の付加ができない．

(61) *この液体は常温で急激な蒸発しない．

(61) が容認されないのは，「蒸発しない」が名詞編入により「する」と複雑述語を形成しているからである．

項の重複の可能性も同様に，「蒸発する」の主語が動詞的名詞に由来することを示唆する．「蒸発する」の場合，(61) のような項の重複は容認されない．

(62) *水が [アルコールの蒸発] はした．

(60) と (62) の事実は，「蒸発する」の非動作主主語が「蒸発」を主要部とする動詞的名詞句の中で意味役割を与えられ，項上昇により文中の主語になっていることを示唆している．

項の省略についても同様である．まず，(63a) の第 2 文は，第 1 文を先行文脈とした場合，主語と動詞的名詞句の省略が可能であるが，主語を残したまま動詞的名詞句が省略されると (63b) のように容認されない．

(63) a. こちらの容器では液体が蒸発したが，向こうの容器ではしなかった．
    b. *こちらの容器では水が蒸発したが，向こうの容器ではアルコールがした．

第4章 軽動詞構文　　101

「蒸発」の軽動詞構文が主語を残したまま，動詞的名詞句の省略ができない
という（63）の事実は，「蒸発」の主語が動詞的名詞に由来していることを
示唆している．

　以上から，いわゆる非対格タイプの動詞的名詞「蒸発する」の非動作主主
語の軽動詞構文においても，他の非動作主主語の軽動詞構文と同様に，主語
は動詞的名詞句から意味役割を与えられ，動詞的名詞句からの項上昇で抜き
出された結果，節の主語として現れていると結論することができる．「蒸発
する」の軽動詞構文は，動詞的名詞句が表層では対格標示を持てないため，
「する」に編入される形式を持つことが多い．しかしその場合でも，非動作
主主語（主題項）は，動詞的名詞から意味役割を受けた後に，項上昇により
主語位置に現れる．

第 5 章

「が/の」交替

1. 埋め込み節内の主語の格標示

　日本語では，主節において主格で標示される主語が関係節や名詞補文節に埋め込まれると属格で標示することができるようになる.

- (1) a. ［太郎｛が/の｝書いた］論文
- b. ［花子｛が/の｝来る］可能性

関係節や埋め込み節での主格項が属格項に随意的に交替する現象は，「が/の」交替と呼ばれる．本章では，この交替現象に関わる主語（「が」格主語と「の」格主語）が埋め込み節内にあるのか上位の名詞句にあるのかを検討する.

　属格主語については，主格主語よりも低い構造位置に現れると主張されることがある（Watanabe (1993), Miyagawa (2011, 2013) など）．しかし，本論では属格主語は主格主語とともに埋め込み節内に存在するが，属格主語が名詞の選択する所有者項よりも低い位置に現れることを示す．このことを階層的に表すと，(2) のようになる.

- (2) ［$_{DP}$ 所有者 ［$_{CP}$ 属格主語 ［$_{TP}$ 主格主語 ....]] N]

所有者項は，選択される名詞句 DP の投射内に存在する．主格主語は埋め

込み節の TP の指定部に存在する．そして，属格主語は，これらの 2 つの要素の中間の構造位置，つまり，CP の投射内に存在するのである．

2. 埋め込み節内に位置する属格主語

最初に本節では，属格主語と主格主語はともに埋め込み節中に存在することを示す．属格主語が埋め込み節に存在することは，主要部名詞を修飾するために名詞句に付加される要素が属格主語の右側に生起できないことから検証できる．まず，主格主語は (3) で示されているように，名詞修飾をする「昨日の」の左側に置けないことがわかる．

(3) a. [昨日の [あの人が目撃した] 事件]
　　b. [[あの人が目撃した] 昨日の事件]
　　c. *[[あの人が昨日の目撃した] 事件]

「昨日の」という付加詞は関係節の主要部名詞を修飾する要素である（Hiraiwa (2005) 参照）．したがって，その左側に現れる要素は，関係節ではなく，名詞句の投射の中になければならない．そして，(3c) が容認されないため，主格主語は埋め込み節の中に存在していなければならないことがわかる．

さらに，主格主語が現れる (3) と属格主語が現れる (4) を比べると，「昨日の」の修飾に関して，主格主語構文と属格主語構文は同じ分布を示すことがわかる．

(4) a. [[昨日のあの人の目撃した] 事件]
　　b. [[あの人の目撃した] 昨日の事件]
　　c. *[[あの人の昨日の目撃した] 事件]

属格主語も主格主語と同様に付加詞「昨日の」の左側に出ることができないという事実は，属格主語が埋め込み節の中になければならないことを示している．(4a) や (4b) では，「昨日の」が関係節の外にあり，名詞「事件」を修飾すると解釈できるので容認される．しかし，(4c) は，「昨日の」が属格主語の右側に現れ，属格主語が関係節の外にあることになるため，容認され

ない. つまり, (4c) の属格項は, 埋め込み節の主語としては解釈できないのである.[1]

ちなみに, 名詞句の投射の中に現れる所有者は, 「昨日の」の左側に現れることができる. 例えば, (5) からわかるように, 「新聞」の所有者である「あの人の」は, 「昨日の」の左側にも右側にも現れることができる.

(5) a. [あの人の昨日の新聞]

    b. [昨日のあの人の新聞]

「新聞」の所有者を表す「あの人の」は「新聞」から投射する名詞句の中に存在する. したがって, (5) のような場合には, 「昨日の」と「あの人の」の順序を入れ換えることができるのである.

次に, 副詞「昨日」の分布を見ると, (6a) や (6b) からわかるように, 「昨日」は, 属格主語のどちら側に現れても容認される.

(6) a. [[昨日あの人の目撃した] 事件]

    b. [[あの人の昨日目撃した] 事件]

    c. *[[あの人の目撃した] 昨日事件]

「昨日」は副詞であり, 関係節の内部に現れなければならない. そのために, 「昨日」は, (6c) のように動詞の右側に現れることはできない. この場合, 「昨日」は節の外側に位置することになるからである. この分布は, (7) で示されているように, 主語が主格標示されていても同じである.

(7) a. [[昨日あの人が目撃した] 事件]

    b. [[あの人が昨日目撃した] 事件]

    c. *[[あの人が目撃した] 昨日事件]

(7a) と (7b) では, 「昨日」が関係節内にあると解釈できるので容認される. これに対して, (7c) の「昨日」は動詞の右側に現れており, 関係節の外に

---

[1] 名詞修飾語が属格項に後続する (4c) では, 属格項が主要部名詞の所有者項と解釈される可能性はある.

現れていることになるので非文法的になる.

　名詞修飾表現や副詞に関する事実は,「名詞修飾要素＋埋め込み節内要素」の順に要素が現れなければならないことを示している. 主格あるいは属格で標示された主語は, 名詞修飾語や副詞の生起に関して同じ分布を示すため, 主語は主格で標示されても属格で標示されても埋め込み節内にとどまっていることがわかる.

3.　属格主語の埋め込み節内位置

　次に, 埋め込み節内での属格主語と主格主語の位置について検討する. 前節では, 属格主語が主格主語よりも高い構造位置にあると述べた. 埋め込み節内において属格主語が主格主語よりも高い構造位置にあるという証拠は,「たり」の等位接続の事実から得ることができる.「たり」は, 動詞に付くことによって, (8a) で示されるような等位接続構文を作ることができる.

(8) a. ［先生が話したり］［学生が話したり］した.
　　b. *［先生は話したり］［学生は話したり］した.
　　c. 先生は［話したり］［笑ったり］した.

日本語の主語位置に関しては, 従来, 動詞句内にとどまると議論されることもあった (Fukui (1986, 1995), Kuroda (1988) など). しかし, 岸本 (2005) や Kishimoto (2010) などで議論されているように, 日本語では, 主格主語が TP の指定部 (Spec-TP) にあると考えられる証拠がいくつか見つかっている. また, 等位接続は, さまざまなレベルで起こることが知られている. (8a) において等位構造の中に主格主語が含まれているので, 等位接続されている要素は TP であると認定できる. (8b) のように題目化された主語が等位構造に含まれると容認されなくなるので,「たり」の等位接続では CP レベルの等位構造は形成できないと考えられる. ちなみに, 等位構造の外側に題目化された主語が現れる (8c) は容認される.

　「たり」の等位接続に関する題目と同様の分布は, モーダルの意味を表す副詞についても観察される.

106　　　　　　　　　　第 I 部　構文と格

(9) a. *[先生がたぶん話したり] [学生がたぶん話したり] した.
　　b.　たぶん [先生が話したり] [学生が話したり] した.

Kishimoto (2013b) でも議論されているように,「たぶん」のような副詞は,
TP よりも上位の位置に付加される. そのため,「たぶん」は, TP より上位
の投射を含めることができない「たり」の等位接続構造には現れることができ
きず, (9a) は容認されない. しかし,「たぶん」が等位接続構造の外側に現
れる (9b) は容認される.

　これに対して, TP より下の構造位置に現れる要素に関しては,「たり」の
等位接続構造の中に現れることができる. (10) は, 間接目的語と直接目的
語の例である.

(10) a.　あの学生は [本を読んだり] [新聞を読んだり] した.
　　b.　あの学生はお菓子を [小学生にあげたり] [中学生にあげたり] し
　　　　た.

TP よりも下位の構造位置に現れる付加詞も「たり」の等位接続構造内に現
れることができる.

(11) a.　あの学生は [おととい転んだり] [昨日転んだり] した.
　　b.　あの学生は [早く走ったり] [ゆっくり走ったり] した.

　ここで, 属格主語が「たり」の等位接続構造においてどのように振る舞う
かについて考える.「たり」の等位接続構造は「が/の」交替が可能な名詞修
飾節に埋め込まれると (12) のような文法性の対比が観察される.

(12) a.　[おととい [太郎が話したり] [花子が話したり] した] わけ (を教
　　　　えて)
　　b. *[おととい [太郎の話したり] [花子の話したり] した] わけ (を教
　　　　えて)
　　c.　[おととい太郎の [泣いたり] [笑ったり] したわけ] (を教えて)

主格主語が等位構造に現れる (12a) は問題ないが, 属格主語が等位構造に

現れる（12b）は容認されない．また，（12c）のように，属格主語が等位構造の外側に現れると容認される．TP の等位構造での属格主語の分布は，題目化された主語と同じである．この事実は，属格主語が題目化された主語と同様に CP の投射内に現れることを示唆している．

　名詞修飾節内の主語は，属格で標示されていても主格で標示されていても名詞句移動を受ける．目的語を主語にする名詞句移動が起こった場合，移動を受けた名詞句は主語の特性を示す．したがって，受動文の主語は，例えば，（13a）が示しているように，主語指向性のある「自分」の先行詞となることができる．

(13) a.　花子$_i$が自分$_i$の部屋でしかられた．
　　 b.　先生$_i$が自分$_{i/*j}$の部屋で花子$_j$をしかった．

もちろん，能動文では，（13a）の受動文の主語に相当する名詞句（目的語）は「自分」の先行詞とはならない．名詞補文節に埋め込まれた受動文も同じで，（14）の例は，主語が主格で標示されていても属格で標示されていても「自分」の先行詞となることができることを示している．

(14) a.　[花子$_i$の自分$_i$の部屋でしかられた] 理由
　　 b.　[花子$_i$が自分$_i$の部屋でしかられた] 理由

受動化により起動される A-移動で目的語が主語位置に移動した場合，「自分」は A-移動を受けた名詞句を先行詞としてとることができる．しかし，名詞句が演算子移動（例えば，題目化や擬似分裂化に伴う名詞句の移動）やスクランブリングにより移動しても「自分」の先行詞となることはない．

(15) a.　花子$_j$は先生$_i$が自分$_{i/*j}$の部屋でしかった．
　　 b.　花子$_j$を先生$_i$が自分$_{i/*j}$の部屋でしかった．

(15) の事実から，（14）の受動文の主格主語と属格主語は，ともに A-移動を起こしていると言うことができる．受動文の主語は，名詞句の移動により主語位置に現れるが，受動化によって A-移動を受ける名詞句の移動先は，主語が属格で標示されるか主格で標示されるかによって異なるのである．

TPまでの等位接続しか許さない「たり」の等位接続構文は，(16) のように文法性の対比が現れるので，受動文の主格主語が TP にあり，受動文の属格主語が CP にあることを示している．

(16) a. [[太郎が叱られたり] [花子が叱られたり] した] 理由（を教えて）
     b. *[[太郎の叱られたり] [花子の叱られたり] した] 理由（を教えて）

(16a) が適格で，(16b) が容認されないという事実は，TP の指定部へ移動する主格主語とは異なり，属格主語が CP の指定部に A-移動を起こすことを示している．

これまでのデータから主語は，(17) に示されているように，主格で標示されるか，属格で標示されるかによって，A-移動で上昇する位置が異なることがわかる．

理論的には，属格主語が CP に移動するという事実は，C がもともと持っていると考えられる EPP 素性が T への素性の受け継ぎが起こらなければ可能になる（Chomsky (2008))．つまり，主格主語が現れた場合には，T が EPP 素性を受け継ぐために，主語は TP の指定部へ移動することになるが，属格主語構文においては，C が素性の転移を起こさないため，主語が CP の指定部に A-移動するのである．

本節では，属格で標示された主語は，主格主語（そして，その他の埋め込み節項）とは異なり，「たり」の等位接続ができない構造位置である CP に現れていることを示した．この事実は，主格主語は TP の指定部を占めるのに対して，属格の主語は TP よりも上位に位置する CP の領域（CP の指定部）まで上昇していることを示している．

第 II 部

依存格と日本語の節構造

はじめに

　第 II 部では，議論の対象を日本語に絞り，その格配列と節の構造について論じる．格については，これまであまり注目されてこなかった「依存格」の考え方を導入し（第 1 章），その考え方を利用する形で，主に日本語の使役文（第 2 章）と受動文（第 3 章）について，新たな統語的分析を提示してみたい．

第 1 章

依存格の考え方と日本語への応用

1. 依存格に関する先行研究

依存格（dependent case）という考え方は，最初 Marantz（1991）によって提案された．本書の序論で紹介されたように，1980 年代における格付与の標準的な仮定は，Chomsky（1981）によって提示された，INFL や V という主要部が統語レベルで抽象格を与えるというものであった．これに対して Marantz は，格や一致に関して豊かな形態的変化を示す多くの言語では，抽象格ではなく，形態格の考え方を採用するべきであるとの主張を行った．形態格も一種の素性とみなされるが，これが PF（音声形式）レベルにおいて一定の名詞句と結びつき，音声化されることによって，その名詞句を解釈可能なものとし，その存在を認可する働きをもつと考えられる．この形態格の考え方を日本語の助詞にあてはめて，興味深い分析を示したのが青柳（2006）である．ここでは，青柳の分析を参考にしながら，Marantz（1991）の提案をまとめてみたい．

Marantz は，形態格には次の 4 種があり，その付与は離接的（disjunctive）な順序で適用すると主張した．離接的な順序とは，特定的な内容をもつ規則は一般的な内容をもつ規則よりも優先して適用するという原則である．そのため，(1) の各付与規則はその性質上，a から d の順序で適用することになる．

110

（1）a. 固有格（lexically governed case）

b. 依存格（dependent case: accusative and ergative）

c. 無標の格（unmarked case: environment-sensitive）

d. デフォルト格（default case）

(Marantz（1991: 247）)

（1a）の固有格は，ある種の動詞によって（その語彙的な特性を反映する形で）ある特定の意味役割をもつ項に与えられる格である．日本語の例で示せば，「太郎にロシア語ができる」や「太郎がバスに乗った」などに現れるニ格が，「できる」と「乗る」という動詞により，それぞれ〈経験者〉と〈場所〉の役割をもつ項に付与された固有格である．

　（1b）の依存格は，他の名詞句の存在に依存して決定する格である．Marantz によると，いわゆる対格言語における対格と能格言語における能格がこれに当たるという．すなわち，対格は意味役割をもつ主語が存在するときの目的語に与えられる格であり，能格は意味役割をもつ目的語が存在するときの主語に付与される格である．日本語では「太郎が本を読んだ」のように，主格主語が存在するときに現れる目的語ヲ格がこの事例となる．（1c）の無標の格は，一定の統語的環境に限定して現れる（とみなされる）格で，言語により，節（IP）における主格や名詞句（DP）における属格が無標となる場合がある．（1d）のデフォルト格は，上記の格のいずれもが付与されない場合に与えられる格である．日本語の主格のガはこれに該当するという考え方がある．青柳（2006）は，以上のような考察を踏まえて，日本語の形態格付与を（2）のようにまとめている．

（2）　日本語の形態格付与の優先順位

a. 与格のニ（固有格）

b. 対格のヲ（依存格）

c. 主格のガ（デフォルト格）

(青柳（2006: 67）)

Marantz（1991）で提唱された形態格の考え方は，必ずしも多くの研究者

に注目されたわけではなかった．生成文法が GB 理論からミニマリストに移行するなか，格理論は付与（assignment）から照合（checking）へと道具立てを一部変えながら，Chomsky を中心とする標準的な枠組みの中で，抽象格を対象とする研究が盛んに行われた．そんな中，Marantz の形態格の構想は，一部の研究者を除けば，あまり注目を集めなかったといえる．[1] しかし，2010 年ごろから，この形態格の考え方に注目し，さらなる理論的な発展を期する研究が現れた．それが，Mark Baker による依存格に関する一連の研究である．[2] 彼の研究は，Baker (2015) でまとまった形で提示されたが，Marantz の元々の提案をそのまま受け容れるのではなく，いくつかの修正を施したうえで，ミニマリストの枠組みの中で依存格の構想を発展させようとしたものであった．

　Baker による最大の修正点は，形態格の考え方自体は却下するというものである．Marantz は，抽象格に代わるものとして，PF レベルで音声化される形態格を提唱したが，Baker は格付与はやはり統語レベルで行われるべきもので，抽象的な構造格こそが経験的な言語現象に照らしたときに重要な役割をになうとの見解をとる．その経験的な証拠の 1 つとして，スクランブリングにかかわる議論がある．スクランブリングは格を保持する移動操作であるが，このスクランブリングの適用は文内の束縛関係に変更をもたらす場合がある．束縛関係の規定は，統語レベルあるいは LF レベルで行われると考えられるため，スクランブリングの移動は少なくとも統語レベルまでに起こっていなくてはならない．もし格付与が PF レベルで行われるという仮定をしてしまうと，スクランブリングが格を保持する移動であるという事実と矛盾をきたすことになってしまう．したがって，格付与は統語レベルで行う必要があるというのが Baker の議論である．

　Baker (2015) は，Marantz (1991) と異なり，格付与は統語レベルで行われると考えるものの，(1) に示した 4 種の格付与規則がその順序で適用す

---

[1] 青柳 (2006) の他に，Marantz の形態格の構想に着目した研究としては，McFadden (2004) や Bobaljik (2008) などがある．

[2] Mark Baker の一連の研究としては，Baker and Vinokurova (2010)，Baker (2011)，Baker (2012)，Baker, Safir and Sikuku (2012)，Baker (2013)，Baker (2014) などがある．

るという Marantz の仮定はそのまま受け継いでいる．その中でも，とりわけ (1b) の「依存格」付与に重要な役割を与えた．Chomsky を中心とする標準的格理論は，一致と照合に基づくアプローチと特徴付けられるが，Baker は多くの言語において一致によらない格付与が観察されるとして，Chomsky 流の格理論はすべての言語をカバーできるものではないと主張する．確かに，Chomsky 流の一致に基づく格付与が有力に働く（英語のような）言語も数多いが，一方で，格付与が一致によらない言語も数多く存在する．そして，そのような言語において有力になるのが「依存格」方式による格付与である．Baker (2015) は，異なる類型に属する世界の言語を詳しく調査し，少なくとも 20 以上の言語で依存格による説明が有効であることを実証的に示した．彼の理論的説明の細部に立ちることは差し控えるが，例えば対格を付与する規則は (3) のように定式化される．

(3)　同一のスペルアウト領域に 2 つの異なる名詞句（NP）が存在し，NP_1 が NP_2 を c-統御しているとき，NP_1 が格標示されていないのであれば，NP_2 に対格を付与せよ．

(Baker (2015: 48))

依存格は，他の名詞句の存在に依存して決まる格であるため，（少なくとも）2 つの名詞句の存在が前提となる．対格は主格名詞句などの上位の名詞句が存在するときに与えられる格であり，上位の名詞句に c-統御される NP_2 に付与されると述べられる．格の付与が行われる領域は，Chomsky (2001) などで示されたフェーズ理論に従ってスペルアウトによって規定され，格付与はスペルアウト領域ごとに循環的（cyclic）に行われる．NP_1 について除外条件が付してあるのは，もし NP_1 にすでに固有格などが与えられていると，その NP_1 は NP_2 が依存すべき相手とみなせないことになるためである．すなわち，その場合には，同一スペルアウト領域に名詞句が存在したとしても，NP_2 に対格は付与されないのである．

　Baker (2015) は，日本語にも言及している．日本語は，主格，対格，与格などの格が形態的に明示されるが，Fukui (1986) や Kuroda (1988) が観察したように，動詞と名詞の間に人称・性・数などの一致は観察されない

言語である。[3] この事実が示唆するのは，日本語の格配列は一致によるのではなく，依存格の方式に従って決まるという可能性である。Baker は，日本語の（類の言語の）主格に対して，次のような規則をたてることを提案した。

(4) 同一の領域に NP_1 を c-統御するような他の名詞句 NP_2 が存在しないならば，NP_1 に主格を付与せよ。

(Baker (2015: 90))

日本語では，自動詞の場合でも，他動詞の場合でも，その主語には主格が与えられる。能格言語において，他動詞の主語に能格が与えられるのとは事情が異なる。能格は同一領域に目的語が存在する場合の主語に割り振られるが，日本語の主格は，目的語が存在しても，存在しなくても，主語に割り振られるのである。この点を捉えるために (4) では，名詞句が他のいかなる名詞句にも c-統御されていない場合，すなわち当該名詞句がその領域において最上位の名詞句である場合に，主格が与えられるというように，c-統御する名詞句の「非存在」に依存した規定の仕方が採用されている。Baker (2015) では，日本語の多重主格構文に対する簡単な言及などもあるが，それほど踏み込んだ議論はなされず，詳しい分析については，専門家に託したいと述べるにとどまっている。

2. 日本語の格付与

ここでは，Baker (2015) の格に関する基本的考え方と依存格の定式化を受け容れ，さらにいくつかの点で肉付けを行うことにより，日本語の格付与

---

[3] Fukui (1986) および彼のその後の一連の研究 (Fukui (1988, 2006) など) は，日本語を英語などと異なり，形式的一致を欠く言語であると特徴付け，そのことにより，日英語の類型的相違（義務的な移動操作の有無，虚辞要素の有無，多重主語構文の有無，スクランブリングの有無，など）が体系的に説明されるとしている。Fukui は日本語の格の取り扱いについて，構造に基づいた格付与 (Fukui (1986))，PF 部門における形態的な格標示 (Fukui and Sakai (2003)) などの可能性を示唆している。Kuroda の一連の研究 (1978, 1983, 1988 など) についても参照のこと。

は以下の手順で行われると仮定することにしたい.[4]

(5) 日本語の格付与

   動詞句の領域において,

   a. 動詞の語彙特性に基づき,当該の項に内在格・語彙格を与えよ.

   b. 指示性をもつ最上位の項にガ格を与えよ.

---

[4] (5) の格付与規則に類似した提案を行っている先行研究として,Farmer (1984) があ
る.彼女は,当然ながら,依存格という考え方には立脚していないが,次のような標準的
格連結 (Regular Case Linking) 規則を提案した.
 (i) a. 左端の項位置にガ格を連結せよ.
    b. 右端の項位置にヲ格を連結せよ.
    c. 残りの位置にニ格を連結せよ.

(Farmer (1984: 50))

Farmer は日本語の動詞句が階層的ではなく,平板の構造をもつと仮定しているため,「左
端の」や「右端の」という表現になるが,これを「最上位」と「最下位」という階層関係を踏
まえた用語に置き換えれば,ほぼ (5) の定式化と重なる.さらに,(5d) の非該当条件的規
則は,Farmer の (ic) を引き継いだものとなっている.したがって,提案された (5) の格付
与規則は,動詞句の階層構造と依存格の考え方を仮定した上で,Farmer の提案を焼き直し
たものとみなすのが妥当である.なお,(5) においては,Farmer にならい,「最上位の名
詞句」や「最下位の名詞句」ではなく,「最上位の項」や「最下位の項」などの表現を採用し
ている.これは,日本語では,厳密に名詞句でなくても,指示性をもつ一定の要素であれ
ば,格をもらう可能性が存在するためである.第 2 章以降の議論を参照していただきたい.
 格付与規則については,Kuno (1973) と Kuroda (1978) などの研究も参照されたい.
また,Nakamura (1999) は,役割と参照文法 (Role and Reference Grammar) の枠組みの
下で最適性理論 (Optimality Theory) の考え方を利用しながら,日本語の格配列パターン
を説明しようとしている.
 さらに,関連する最近の研究としては,辻子 (2014) がある.彼女は,Chomsky 流の一
致による格理論に代わる格付与のメカニズムとして,外的併合に基づく「構造的」な格付値
を提案している.具体的には,(ii) である.
 (ii) a. 名詞表現が語彙的主辞と併合するとき,その格素性を対格とせよ.
     b. 名詞表現が相主辞 (v か n) と併合するとき,その格素性を主格か属格とせよ.
     c. その他の場合,名詞表現の格素性を与格とせよ.
辻子のアプローチは,主辞の種類により格が決まるとするものであり,われわれの「依存
格」の考え方とは根本的に異なるが,しかし,両者は,Chomsky 流の格理論の代替案を目
指している点では共通しており,定式化における類似点も観察される.両者の比較につい
ては,紙幅の制限のために,ここでは行うことができない.
 なお,(5) の格付与規則は,加賀 (2017) で提案した規則の修正版である.また,(5) は
属格のノの付与については触れていない.これは,本論が日本語の節構造を中心に論ずる
方針をとっているからである.名詞句内の属格の付与の方式については,稿を改めて論ず
る必要がある.

c. 指示性をもつ最下位の項にヲ格を与えよ.

d. (残りの) 指示性をもつ項にニ格を与えよ. (非該当条件)

　まず，格付与が実行される領域であるが，主語は動詞句内に基底生成され (動詞句内主語仮説)，日本語ではその主語が基底位置に留まるという仮定 (Fukui (1986), Kuroda (1988), Ishii (1997) など) を受け容れて，主語を含む項名詞句への格付与は動詞句内で起こると考えることにする.

　格付与の中でもっとも優先して行われるのが，(5a) の内在格 (inherent case) と語彙格 (lexical case) の付与である. これらは，Marantz (1991) の固有格に対応するものであるが，Woolford (2006) などの知見に従って，内在格と語彙格に分けることにする. 内在格は特定の意味役割をもつ名詞句に割り振られる格であり，日本語では，〈経験者〉や〈所有者〉の役割をもつ項に与えられるニ格や〈経路〉の項に与えられるヲ格などがそれに当たると考えられる. 例としては，(6) の下線部などである.

(6) a. 花子ニ　英語ガ　分かる.

b. 太郎ニ　子供ガ3人　いる.

c. 花子ガ　浜辺ヲ　歩いた.

語彙格は，特定の語彙項目にみられる特異的な格付与のことをさす. 〈被動者〉要素は通例，対格のヲをになうが，「かみつく」や「殴りかかる」などの動詞の場合は，目的語が特異的にニ格を伴って現れる.

(7) a. 犬ガ　太郎の足ニ　かみつく.

b. 花子ガ　太郎ニ　殴りかかった.

さらに，(8) の下線部のニやカラは通例，後置詞と分析されるので，格付与とはいえないが，〈着点〉や〈起点〉という一定の意味役割と結びついて現れる要素であるため，これらの (後置詞) 句は (5b) 以下の格付与に先立って形成されると考えることにしたい.

(8) a. 電車ガ　東京駅ニ　到着した.

b. 太郎ガ　図書館カラ　本ヲ　盗んだ.

第 1 章 依存格の考え方と日本語への応用　　　117

　次に，(5b) と (5c) で依存格の付与が行われる．主格のガは，Baker (2015) が上記の (4) に定式化したように，当該名詞句を c-統御する他の名詞句がない場合に付与される．(5b) では，c-統御する名詞句の「非存在」のことを，単に「最上位の項」として表現した．一方，日本語の対格ヲは，(5c) のように，「最下位の項」に付与される格であると定式化される．具体例で示すと，動詞が一項，二項，三項述語である場合の格配列は，それぞれ (9) のようになる．

　(9) a.　太郎ガ　笑う．
　　　b.　太郎ガ　本ヲ　読む．
　　　c.　太郎ガ　花子ニ　花束ヲ　あげる．

一項動詞の場合にガ格が現れるのは，(5b) が (5c) よりも先に適用するからである．(5b) と (5c) に「指示性をもつ」という条件が付されているのは，次のような例に対応することが必要なためある．

　(10) a.　太郎ガ　部長　だ．
　　　b.　会社ガ　太郎ヲ　部長ニ　抜擢した．

(10a) の「部長」は名詞句であるが，このような述語名詞は，格標示されることはない．この用法の名詞（句）は，形容詞などと同様の機能をもち，特定の何か（誰か）を指示する働きをもたないという意味で，指示性を欠いていると考えられる．上記の (5b)–(5d) で「指示性をもつ項」と指定されているのは，このような述語名詞が格標示されない事実を捉えるためである．[5] (10b) の「部長」も非指示的な用法であり，これに付いているニは与格などの格ではない．これは，「部長になる」などと同様の後置詞（助詞）用法のニと考えられる．つまり，(10b) の「部長」は動詞「抜擢する」の項要素ではあるが，指示性を欠いているため，(5c) の適用を受けない．そして，「部

---

　[5] Baker (2015) は，多くの言語で述語名詞句には依存格付与が適用されないことを観察し，その事実を名詞句の指示性に帰する説明を提案している．したがって，ここではその提案を取り入れていることになる．彼の具体的な説明方法については，Baker (2015) の 5.5 節（221 頁以降）を参照されたい．

長」が（5c）の適用を受けないため，それに代わり「太郎」が「指示性をもつ最下位の項」とみなされ，ヲ格を与えられることになる．このように，指示性を欠く要素が項に入ってくる場合は，最下位の項ではない，中間的な要素がヲ格をもらうこともありうる．（11）などのいわゆる結果構文もそのような事例であると考えられる．（11a, b）の「きれいに」や「こなごなに」は動詞の項とみなされるが，形容動詞要素は指示性をもたないため，格をもらうことはなく（「に」は活用形），「部屋」と「氷」がヲ格を得ることになる．[6]

(11) a.　花子ガ　部屋ヲ　きれいに　片づけた．
　　 b.　太郎ガ　氷ヲ　こなごなに　砕いた．

（5a）の内在格・語彙格付与と（5b-c）の依存格付与がともに適用されない名詞句が存在する場合には，（5d）の非該当条件的（elsewhere condition）規則が適用されて，与格のニが与えられる．例えば（12）などの例に現れるニ格である．

(12) a.　太郎ガ　花子ニ　花束ヲ　あげる．
　　 b.　太郎ガ　花子ニ　頭ヲ　ぶたれる．

（12a）の三項動詞文や（12b）の受動文では，最上位の項と最下位の項にそれぞれガ格とヲ格が付与されるが，中間の位置にある名詞句には依存格が付与されない．その場合に，（5d）の規則が適用して，ニ格が振られることになる．日本語のニ格付与について注意しておきたいことが1つある．次のような例におけるニ格である．

(13) a.　太郎ガ　花子ニ　次郎が来ると　言った．
　　 b.　太郎ガ　花子ニ　次郎が来ると　聞いた．

（13a）の「花子」は太郎の発言をうけとめる主体であり，そのニ格は〈着点〉

---

[6] 結果構文の結果句を統語的にどのように分析するかについては，いくつかの考え方がある（Hoekstra (1988), Carrier and Randall (1992), Snyder (2001) など．また，小野 (2007) も参照）．ここでは次章で採用する Kaga (2007) の意味役割分析を踏まえて，結果句は項のステータスをもつと考えている．

なりの意味役割と結びつく内在格とも考えられるが，しかし，(13b) の「花子」が意味的に〈起点〉の役割をもつにもかかわらず，やはりニ格を与えられる事実を勘案すると，内在格とは考えにくい．ここでは，次のような分析を採りたい．「言う」と「聞く」は基本的に三項動詞であり，「～と」の引用句も項として働く．そうであるとすると，「太郎」が最上位の項としてガ格をもらい，「次郎が来ると」という節的な要素が最下位の項としてヲ格をもらうことになる．つまり，この引用句は形態的にヲ格を具現することはないが，原理的にはヲ格のもらい手となるのである．[7] このように考えると，(13a, b) の「花子ニ」は (5d) の非該当条件的規則により与えられるニ格であるとみなすのが自然な帰結となる．

　上で紹介した青柳（2006）による形態格付与とここで提案された (5) の格付与を比較してみると，以下のような対応となる．

(14)　青柳（2006）と本論の比較

	青柳（2006）	本論
主格のガ	デフォルト格	依存格
対格のヲ	依存格	依存格
与格のニ	固有格	内在格・語彙格 ＋デフォルト格

本論ではこれ以降，ここで提案された格付与規則を 1 つの道具立てとして用いながら，日本語の使役文と受動文の構造を検討していく．もし，それらの説明が従来の研究にくらべて成功している面があるとすれば，Marantz の元々のアイディアを Baker が発展させ，その枠組みの中で日本語に対して提案された (5) の格付与規則が少なからず貢献したためであると考えることができよう．

---

　[7] (13a, b) の引用句は，ほぼ意味を変えずに「次郎が来るということを」という表現に書き換えることができる．この形であれば，ヲ格が現れ，また「こと」を伴っていることから，この句は指示性をもつ名詞的表現である．

第 2 章

日本語使役文

1. 日本語動詞の自他交替と形態的特性

　本章では，日本語の使役文の構造を検討することになるが，まずその前に，使役のサセと受動のラレの特性について準備的な考察を行っておきたい．日本語の使役文と受動文については，数え切れないほどの多くの先行研究が存在し，使役接辞のサセと受動接辞のラレをどのように分析するかについても，多種多様な意見が提示されてきた．その中でとくに注目したい知見として，Jacobsen (1991) の観察と西山 (2000) の分析を挙げたい．Jacobsen (1991) は日本語動詞の自他交替を中心的に論じている研究であるが，その中で (1) のような自他交替のパターンを仔細に検討したうえで，(2) の一般化を提示した．

(1)　　他動詞　　自動詞　　他　　　自
　　a.　回す　　/回る　　mawa-s /mawa-r　-s̲　/-r̲
　　b.　減らす　/減る　　her-as　/her　　-as̲　/
　　c.　逃がす　/逃げる　nig-as　/nig-e　　-as̲　/-e
　　d.　延ばす　/延びる　nob-as　/nob-i　　-as̲　/-i
　　e.　落とす　/落ちる　ot-os　　/ot-i　　　-os̲　/-i
　　f.　浴びせる/浴びる　abi-se　/abi　　　-se̲　/

g. 転がす／転がる　korog-as／korog-ar　-as　／-ar

h. 壊す　／壊れる　kowa-s　／kowa-re　-s　／-re

i. 足す　／足りる　ta-s　／ta-ri　-s　／-ri

j. 載せる　／載る　no-se　／no-r　-se　／-r

k. 上げる　／上がる　ag-e　／ag-ar　-e　／-ar

l. 繋ぐ　／繋がる　tunag　／tunag-ar　　／-ar

m. こめる　／こもる　kom-e　／kom-or　-e　／-or

n. 分ける　／分かれる　wak-e　／wak-are　-e　／-are

o. 剥く　／剥ける　muk　／muk-e　　／-e

p. 向ける　／向く　muk-e　／muk　-e　／

(2) Jacobsen の一般化[1]

　　日本語の自他交替の接尾辞で，/s/ が現れた場合はその動詞は他動
　　詞で，/r/ が現れた場合はその動詞は自動詞である.

　日本語の他動詞と自動詞の交替にかかわる形態素は多様であり，単純な規
則化は難しいが，Jacobsen が述べるように，少なくとも形態素の中に /s/
が現れた場合は他動詞となり，/r/ が現れた場合は自動詞になるという一般
化は例外なく成立する. この貴重な発見を承けて，西山 (2000) は日本語の
他動詞と自動詞の交替の基本形は /s/ と /r/ という形態素の対立であると捉
え，Chomsky (1995) の vP の構造に依拠して，例えば (3a, b) の他動詞
「回す」と自動詞「回る」の交替を (4a, b) のように表示することを提案し
た.

(3) a. ジョンがこまを回す (mawa-s-u).

　　b. こまが回る (mawa-r-u).

---

[1] (2) は西山 (2000: 146) からの引用である.

(4)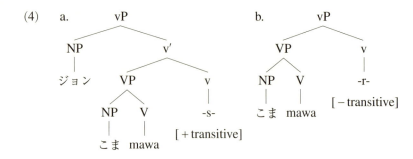

　Jacobsen (1991) と西山 (2000) は，さらにこの /s/ と /r/ の対立は使役と受動の対立につながると主張する．すなわち，使役接辞のサセ (sase) は /s/ の子音を含み，受動接辞のラレ (rare) は /r/ の子音を含んでいて，両者はその点においてのみ異なるのである．この見解に立つと，日本語の使役と受動の機能の本質は，それぞれ「他動詞化」と「自動詞化」というところにあるのではないかと推察され，本章の以下の議論でもこの想定を重要な仮定として採用することにしたい．

2. 意味役割階層

　使役文の分析に入る前に，必要となる道具立てがもう1つある．意味役割に関する仮定である．ここでは，Kaga (2007) で提示された，(5) の意味役割の階層構造を仮定したい．

(5) Kaga (2007) の意味役割階層

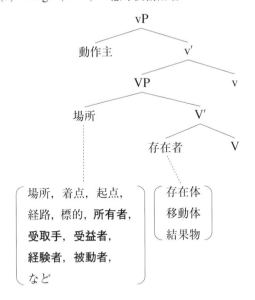

(5) では,《動作主 (AGENT)》《場所 (LOCATION)》《存在者 (LOCATUM)》という3つのマクロな意味役割が動詞の項の位置にその順番で位置付けられている.[2] 構造的には, Larson (1988) の VP シェルの考え方が基にあり, 理念的には, Baker (1988) の「主題役付与均一性仮説 (UTAH: Uniformity of theta assignment hypothesis)」の1つの実現形であると考えられる.[3]

生成文法の標準的なアプローチでは, 外項として「動作主」を, 内項とし

---

[2] 本論では, マクロな意味役割の標記に二重の鍵かっこ《 》を用い, いわゆるミクロな意味役割を表示するために, 一重の鍵かっこ〈 〉を用いることにする. なお, マクロとミクロの意味役割を区別しない, 一般的な意味での意味役割に言及する際には,「 」で示す.

[3] (5) の構造は, 意味役割の表記が日本語で行われていること, 本章の分析対象である日本語にあわせて主要部後行型の語順になっていること, Larson 流の VP シェルではなく, Chomsky 流の vP-VP の構造になっていることなどの点で, Kaga (2007) で提示された構造に修正が加えられている. しかし, それらの点は, Kaga (2007) が捉えようとした, 意味役割の階層構造的把握を本質的に修正するものではない. 意味役割階層については, 加賀 (2001) および加賀 (2007) も参照されたい.

て「対象（Theme）」を仮定し，三項述語などの場合，必要に応じて「着点」「起点」「受取手」などの役割を導入するということが行われるが，それと比べて（5）の意味役割モデルは，《動作主》の他に，《場所》と《存在者》を峻別するところに特徴がある．例えば「花子が太郎をなぐる」という文を考えたとき，従来のアプローチでは「花子」が「動作主」で，「太郎」が「対象」と捉えられるが，（5）のモデルの下では，「花子」が《動作主》で，「太郎」は《場所》の役割をもつとみなされる．なぜならば，「なぐる」という行為は「パンチを浴びせる」と言い換えることができ，「花子が太郎にパンチを浴びせる」という文の「太郎」が，パンチの〈着点〉ないし〈受取手〉として，《場所》の役割をもつと分析されることから，「なぐる」の目的語の「太郎」も同様に《場所》と考えられるためである．このように，行為の二項述語の場合，従来はその役割をほとんどすべて「動作主」と「対象」と片づけてきたところを，（5）のモデルでは，その内項が《場所》と《存在者》のどちらであるかが問われることになる．「花子が太郎をなぐる」における内項の「太郎」は《場所》であるが，一方，例えば「花子がボールを投げる」の文では，その内項の「ボール」は〈移動体〉として《存在者》の役割をもつとみなされるのである．

　（5）のマクロな《場所》には，そのミクロ役割として，物理的な〈場所〉〈着点〉〈起点〉〈経路〉〈標的〉の他に，〈所有者〉〈受取手〉〈受益者〉〈経験者〉などの，有生物がある種の「領域」として働く場合も含まれる．例えば「太郎には大金がある」や「太郎が花子の声を聞いた」のような文では，「太郎」がそれぞれ〈所有者〉および〈経験者〉として，〈存在体〉の「大金」と〈移動体〉の「花子の声」に対する「領域」の役目をはたすと分析される．[4] さらにマクロな《場所》には，〈被動者（Patient)〉の役割も含まれることに注意したい．〈被動者〉は《動作主》からの働きかけを受けて，状態変化を起こす主体と定義されるが，われわれのモデルではマクロな《場所》に属すると考えられる．例えば「太郎が皿を割る」ときの「皿」である．皿は皿として

---

　[4] 〈経験者〉が《場所》の性質をもつことは，例えば Landau（2010）の「経験者は心理的場所（mental location）である」という見解からも裏付けが得られると思われる．

の完全な状態から，太郎の（床に落とすなどの）行為の影響を受けて，割れた状態へと変化する．この場合の変化は，皿という「領域」内で起こる変化であるとみることができる．議論の便宜上，皿がひび割れた状態をまず考えてみよう．皿にひびが入るというのは，皿という「領域」にそれまで存在しなかった「ひび」が存在することになったという変化である．したがって，皿は《場所》と捉えられ，ひびは〈存在体〉として《存在者》の役割をもつと捉えられるのである．ひびがさらに高じて，分離の状態になると「皿が割れる」ことになるが，考え方は一緒である．皿という《場所》に，分離した状態が〈存在体〉として加わったとみなされることになる．このように，状態変化は《場所》の要素に《存在者》としての状態が加わる（あるいは，無くなる）変化であると捉えられるのである．一方，「太郎が（一塁に）ボールを投げる」などの位置変化の状況については，〈移動体〉としてのボールが〈着点〉としての一塁に「移動」する変化であると考えられ，状態変化と位置変化は意味役割の観点からみると，主体となる要素の役割が逆転しており，その意味で互いに峻別すべき現象であると言わなければならない．

マクロな《場所》に含まれる役割のうち，物理的な位置関係を示す〈場所〉〈着点〉〈起点〉〈経路〉〈標的〉の役割と，一定の領域概念を表す〈所有者〉〈受取手〉〈受益者〉〈経験者〉〈被動者〉の役割では，同じ《場所》でありながらも，性質に相違がみられる．物理的な前者は，《存在者》要素との単なる位置関係を示すにすぎないのに対して，領域概念を表す後者は，《存在者》要素の存在により何かしらの影響を受け，何かしらの状態を帯びることになる．上記のいくつかの例文を用いていえば，ボールの〈着点〉としての「一塁」（という場所）は，ボールが到達したからといって，その状態に何らかの変化が生ずるわけではないが，大金の〈所有者〉としての「太郎」は，その所有により「大金持ち」となり，「花子の声」を聞いた〈経験者〉としての「太郎」は，その経験により（例えば）花子の美しい声に魅了されることになり，太郎の行為の影響を受けた〈被動者〉としての「皿」は，割れた皿となり，皿としての機能を果たせなくなるなどのことが起こるのである．物理的な位置関係を示す役割と領域概念を表す役割を区別するために，前者の役割を「単純な《場所》」（simple LOCATION）と呼び，後者の役割を「影響を

受けた《場所》」(affected LOCATION) と呼ぶことにする．(5) の図では，後者は太字で表記されている．

　本章では，(5) に示した意味役割モデルを仮定することになるが，Baker (1988) の「主題役付与均一性仮説」に従って，特定の意味役割をもつ要素は特定の統語的位置に生成されると考えれば，意味役割の関係が与えられると，統語派生の出発点となる階層構造が決まることになる．われわれは，今後この考え方を採用し，(5) のような階層構造がいわゆる「基底」の構造になると仮定して議論を進めることにする．ただし，あらかじめ断っておくと，この仮定は，最近のミニマリストプログラムにおける併合 (Merge) に基づく統語派生の方法とは相容れない面がある．併合に基づくアプローチでは，語や句を併合によって組み合わせながら，徐々に大きな構成素を形作ってゆく手法をとり，1980 年代までのように句構造規則により基底の構造が導入されるとは考えないため，あらかじめ (5) のような動詞句の階層構造が存在するとは仮定できないからである．もし，理論的にミニマリストに従おうとすれば，次のように考えることになる．すなわち，併合に基づいて統語派生を進めて，最終的に出来上がった構造が (5) の意味役割階層に合致しているかどうかを，概念・意図インターフェイス (conceptual-intentional interface) としての論理形式 (logical form: LF) のレベルでチェックするというやり方である．しかし，統語派生の途中で階層構造が恣意的に変わることは有り得ないことを踏まえれば，統語派生の出発点としての基底構造に (5) のような階層構造を仮定することは，議論の便宜的な方策としては許されるはずである．したがって，統語派生の最終段階でのチェックというやり方が正式な手続きであることを認めながらも，次節以降の議論では，そのような便宜的な提示方法を採用することにする．

3.　生成文法における日本語使役文の分析：先行研究

　生成文法において使役文を分析するとき，使役のサセは，形態的には動詞の接辞であるが，統語構造的には（主）動詞であるとみなされることが多い．例えば，日本語生成文法の最初期の研究である Kuroda (1965b) は，ヲ使

第 2 章　日本語使役文　　127

役文とニ使役文の基底構造を次のように設定した.[5]

 (6) a.　花子ガ　太郎ヲ　[太郎（ガ）　働く]−サセ−た
    b.　花子ガ　[太郎（ガ）　働く]−サセ−た

動詞サセが使役主「花子」を主語にとり，さらに補文などを従える構造である．ヲ使役とニ使役の相違は，ヲ使役文の基底には被使役主の「太郎」が動詞サセのもう 1 つの項として存在するのに対して，ニ使役文の場合には存在しないところにある．Kuroda のこの仮定の下では，「花子が太郎 {を／に} 働かせる」という使役文は，ヲ使役では補文中の「太郎（ガ）」が（同一名詞句削除（EQUI NP deletion）が適用して）削除されることによって，ニ使役では補文中の「太郎（ガ）」が主文に繰り上がることによって，それぞれ派生される.[6] 後者の補文主語の繰り上がりは，「構成素主語抜き出し（constituent subject extraction）」と名付けられ，この操作を受けた要素は，仮定

---

 [5] Kuroda（1965b）の他に，生成文法初期の日本語使役文の分析としては，Kuno（1973）や Shibatani（1973a）などがある．彼らの分析は，細部においては相違がみられるものの，ヲ使役文とニ使役文の統語分析については Kuroda（1965b）と共通している．なお，これらの生成文法初期の研究では，述語繰り上げ（predicate raising）や枝刈込み（tree pruning）などの統語操作が仮定されていたが，本章ではできるだけ議論を簡潔にするために，とくに必要なとき以外は，それらの操作には言及しない．なお，生成文法の枠内における日本語使役文の分析の概観については，Miyagawa（1999）などを参照されたい．
 [6] Kuroda（1965b）は，ヲ使役文とニ使役文の意味的な相違についてはとくに言及していないが，別の論文（Kuroda（1965a））において，ニ使役文では被使役主の動作主としての主体性や意向が尊重されるのに対して，ヲ使役文ではそれが無視されるというような解釈上の違いがあると述べている．つまり，「花子が太郎に働かせた」では，「太郎」の主体性が確保されるのに対して，「花子が太郎を働かせた」では，「太郎」の主体性は認められないというような違いがあると Kuroda は考えている．また，Shibatani（1973a）では，ヲ使役文とニ使役文について，前者は後者よりも「より直接的，より強制的な使役」であるという見解が述べられ，単純化すると，ヲ使役文は「直接使役」ないし「強制使役」であり，一方，ニ使役文は「間接使役」ないし「許容使役」であるという特徴付けが行われている．しかしながら，そのような単純な二分法は経験的事実と相容れない面があり，後続する研究である柴谷（1978）では，ヲ使役文とニ使役文の両方をまず「誘発（inducing）使役」用法と「許容（permissive）使役」用法に分け，その上でそれぞれの用法におけるヲ使役文とニ使役文の意味の違いを考察するという手法がとられている．考察の要点を簡単にまとめると，誘発使役用法においては，ヲ使役文は被使役主の意志を無視した表現であるが，ニ使役文は被使役主の意志を尊重した表現である．一方，許容使役用法では，ヲ使役文は消極的許容の場合であり，ニ使役文は積極的許容の場合におもに用いられると特徴付けられた．

によりニ格が与えられる．そして，このニ格の付与は，ニ使役文の場合だけでなく，補文構造を有すると目される受動文や「〜てもらう」文などにも適用する，一般的な操作であると考えられている．

　(6a, b) の例は，自動詞「働く」にサセが付いた使役であるが，他動詞にサセが付くと事情が少し異なる．すなわち，他動詞「買う」を含む (7) が示すように，ニ使役文は文法的であるが，ヲ使役文は容認できないのである．

(7) a. *花子ガ　太郎ヲ　本ヲ　買わせた．
　　 b. 　花子ガ　太郎ニ　本ヲ　買わせた．
(8) a. 　花子ガ　太郎ヲ　[太郎（ガ）　本ヲ 買う]－サセ－た
　　 b. 　花子ガ　[太郎（ガ）　本ヲ　買う]－サセ－た

Kuroda (1965b) の分析では，他動詞に基づく使役文でも自動詞の場合と同様に，(8a, b) のような基底の構造が仮定される．(8a) の構造に補文主語削除が適用するとヲ使役文が派生され，(8b) の構造に構成素主語抜き出しの操作がかかるとニ使役文が派生されることになるが，実際には (7a) のヲ使役文は非文法的である．この事実を説明するため，Kuroda は (8a) のような他動詞を含む使役文の基底構造では，主文の目的語「太郎」を削除する規則（逆同一名詞句削除 (counter EQUI NP deletion)）が義務的に適用すると仮定する．主文の目的語が削除されると，補文の主語が構成素主語抜き出しによって繰り上がり，主文のニ格要素となるので，結果としてニ使役文になるというわけである．Kuroda がこのような込み入った手順を仮定するのは，他動詞に基づくニ使役文は，自動詞の場合のニ使役文に対応する解釈だけでなく，ヲ使役文に対応する解釈ももつことが可能であると考えているためである（注6のニ使役文とヲ使役文の意味的な相違を参照）．すなわち，(7b) の使役文は，(8a) と (8b) の2つの基底構造から派生される，意味的にあいまいな文であるというのである．

　Kuroda (1965b) の使役文の分析は，ヲ使役文の場合は被使役主が基底構造から主文にあり，ニ使役文の場合は被使役主要素が補文から主文に繰り上がるというものであったが，この分析に異を唱え，逆のパターンの基底構造を提案した研究がある．Tonoike (1978) である．Tonoike は，Kuroda

(1965b) の分析には次のような問題があると主張する．まず，「悲しむ」の
ように感情を記述し，事態の自己制御 (self-control) を許さないような動詞
では，ヲ使役文は可能でも，ニ使役文は形成できないという事実がある
(Harada (1973) を参照)．

(9) a.　太郎ガ　花子ヲ　悲しませた．
　　 b. *太郎ガ　花子ニ　悲しませた．
(10) a. *太郎ガ　花子ニ　次郎の死ヲ　悲しませた．
　　 b. *太郎ガ　花子ニ　次郎の死ヲ　喜ばせた．

また，(10) が示すように，「悲しむ」「喜ぶ」が他動詞用法で用いられ，「次
郎の死」という目的語がヲ格を伴って現れたときにも，ニ使役文は不可能で
ある．Kuroda (1965b) の分析は，この (10a, b) の文が非文法的である事
実を捉えることができないと Tonoike は指摘する．なぜなら，自動詞の場
合のヲ使役文は文法的であるので，ヲ使役文に対応すると考えられる (11a,
b) の基底構造は適格であると判断され，そうすると，この基底構造から主
文のヲ格目的語の削除および補文主語の繰り上げ操作の適用を経て，(10a,
b) が文法的な使役文として派生されることになるからである．つまり，
Kuroda (1965b) は，(7b) の使役文のあいまい性を捉えるために，(8a) の
基底構造からも (7b) を派生させるべきであると考え，そのための操作を仮
定したが，逆にそのために，(10a, b) の文の派生を阻止することができな
くなっているというわけである．

(11) a.　太郎ガ　花子ヲ　[花子（ガ）　次郎の死ヲ　悲しむ] –サセ–た
　　 b.　太郎ガ　花子ヲ　[花子（ガ）　次郎の死ヲ　喜ぶ] –サセ–た

Tonoike (1978) は，Kuroda (1965b) の分析の以上のような問題点を指
摘した上で，それに代わる分析として，次のような Kuroda とは逆のパター
ンの基底構造を提案した．[7]

---

[7] ヲ使役文とニ使役文に対して，Tonoike (1978) と同様のパターンの基底構造を仮定す
る分析として，Terada (1990) や Harley (1995) などがある．また，Tonoike (1978) が類
似の分析として挙げている先行研究に，Nakau (1973) と井上 (1976) がある．

130 　　第 II 部　依存格と日本語の節構造

(12) a.　花子ガ　[太郎（ガ）　働く]‒サセ‒た
　　　b.　花子ガ　太郎ニ　[太郎（ガ）　働く]‒サセ‒た

(12a) がヲ使役文の基底構造である．この構造に述語繰り上げが適用し，補
文が節としてのステータスを失い，「太郎」が主文の目的語とみなされヲ格
を得ることで，「花子が太郎を働かせる」というヲ使役文になると Tonoike
は分析する．一方，(12b) がニ使役文の基底構造である．補文中の「太郎
（が）」が同一名詞句削除により消されると，ニ使役文である「花子が太郎に
働かせた」が得られる．他動詞に基づく使役文については，次のような分析
になる．

(13) a.　花子ガ　[太郎（ガ）　畑ヲ　耕す]‒サセ‒た
　　　b.　花子ガ　太郎ニ　[太郎（ガ）　畑ヲ　耕す]‒サセ‒た
(14) a.　*花子ガ　太郎ヲ　畑ヲ　耕させた．
　　　b.　花子ガ　太郎ニ　畑ヲ　耕させた．

(13a, b) の基底構造に，それぞれ (12a, b) に適用されたのと同じ操作が適
用されると，(14a, b) の表層構造が得られる．(14b) は文法的なニ使役文
であるが，(14a) は主文にヲ格要素が 2 つ生ずるために，いわゆる「二重ヲ
格制約」により非文法的となる．したがって，他動詞に基づく使役文の場合
には，ニ使役文だけが許容されるというのが Tonoike の説明である．
　1 つ注意しておくべきは，Kuroda (1965b) は (14b) のような他動詞に基
づくニ使役文を，意味的にあいまいであると考え，ヲ使役とニ使役の両方の
基底構造に関係付ける分析を提案したが，Tonoike (1978) は他動詞ニ使役
文にそのようなあいまい性を認めていない．この点に関する Tonoike の基
本的な立場は，ヲ使役文とニ使役文の対比のコンテクストでしばしば登場す
る「直接性」や「強制性」，あるいは「主体性」や「意向」などの概念（注 6
を参照）は，いずれも語用論 (pragmatics) にかかわる概念であって，2 種
類の使役文の意味的な特徴付けにはそのような概念は関与していない，とい
うものである．つまり，「太郎ヲ働かせる」というヲ使役文と「太郎ニ働か
せる」というニ使役文は，「強制」の状況であっても，また「許容」や「放任」

第2章　日本語使役文　　　131

の状況であっても，どちらも使用可能であるという考え方である．一般にヲ
使役文は「強制」の意味合いが強いと言われることが多いが，「太郎ヲ働か
せておいた」のような表現にすると，「許容」や「放任」の解釈が出やすくな
るという事実もあり，ヲ使役文と「強制」が常に結びつくというわけではな
いとTonoikeはいう．[8]

　一方，「自己制御性」はヲ使役文とニ使役文の分別にかかわる意味的な概
念であると，Tonoike (1978) は主張する．すでに (9) および (10) の例で
みたように，自己制御性のない事態を表す「悲しむ」「喜ぶ」のような感情
動詞は，ヲ使役文には生ずることができるが，ニ使役文とは相容れないとい
う事実がある．感情を表す動詞の他に，自己制御がきかない事態を表す「気
絶する」や「死ぬ」などの動詞でもニ使役文は成立しない．

(15) a.　花子ガ　太郎 {ヲ/*ニ}　気絶させた．
　　 b.　医者ガ　患者 {ヲ/*ニ}　死なせた．

つまり，「自己制御性」は，「強制性」などの語用論的概念とは異なり，意味
レベルあるいは統語レベルの文法現象と一定のかかわりをもつ文法的な概念
であると考えられる．Tonoike は，ニ使役文に自己制御性のない動詞が生起
できない事実を説明する方策として，(16) のような制約を提案した．この
制約によれば，ニ使役文にかかわる事実だけでなく，(17) および (18) に
示すように，目的語指向の補文をとる動詞は一般に補文内に自己制御可能な
動詞のみを許すという事実を併せて説明することができるため，(16) はア
ドホックな規定ではない．

---

[8] Tonoike (1978) では，以下の例が引用され，ニ使役文であっても「強制」の解釈となり，
ヲ使役文であっても「許容」および「放任」の解釈となる場合があることが示されている．
　(i) a.　彼はいやがる妹にベッドで寝させた．
　　 b.　おれにこんなベッドで寝させはしないだろうな．
　(ii) a.　先生は疲れて泣き出す子供たちを早々に家に帰した．
　　 b.　（もう馬を連れて帰る時間だったが，あまり愉快そうに囲いの中で走っている
　　　　ので，）太郎はそのまま馬を走らせた．
注6でも述べたように，ヲ使役文が「強制使役」であり，ニ使役文が「許容使役」であると
いうような単純な特徴付けは，無理であることがわかる．

(16) 次のような環境においては，補文内の動詞は自己制御可能なもの
でなければならない．ただし，(Z_i) は補文 S の主語で，音形を
もっていない．

X ガ　Y_i ニ　$[_S (Z_i)$ …　V] −V …

(17) a.　花子は　太郎ニ　帰るように　命じた．

b. *花子は　太郎ニ　悲しむように　命じた．

(18) a.　花子は　太郎ニ　ご飯を食べるように　説得した．

b. *花子は　太郎ニ　気絶するように　説得した．

生成文法における日本語使役文の分析として Kuroda (1965b) と Tonoike
(1978) を取りあげ，数多い先行研究の中のいわば代表選手としてその提案
を概観した．両者を比べると，Tonoike (1978) の方が年代が新しく，Ku-
roda (1965b) の批判を含んでいるだけあって，分析としては改善されてい
ると見ることができる．具体的には，Kuroda (1965b) で仮定されていた，
込み入ったいくつかの規則の適用が必要なくなったこと，Kuroda (1965b)
ではまったく扱われていなかった，ニ使役文は自己制御不可能な動詞の生起
を許さないという事実に対する理論的な考察を含んでいること，などを挙げ
ることができる．本論では，この Tonoike (1978) の分析を現段階での出発
点とすべき先行研究として捉え，その分析をさらに修正，改善する形で，本
論の新たな分析につなげることを目指したい．[9] ただし，Tonoike (1978) に
も問題点がないわけではない．さすがに 40 年以上前に書かれた論文である
ので，生成文法の理論的進展や議論の展開に対応していない面があるのは致
し方なく，以下の問題点は論文の責任というよりは，時代の流れの中でおの
ずと明らかになってきた分析の改善点であると考えるべきであろう．

ここでは 2 つの問題点を指摘する．まず，Tonoike (1978) の分析は，ニ
使役文における被使役主は基底構造の段階から～ニ句として主文に存在し，
その補文構造はそのまま表層構造でも残されるのに対して，ヲ使役文の被使

---

[9] 日本語使役文の先行研究としては，他に Kuno (1973), 久野 (1983), Farmer (1984),
寺村 (1982), Dubinsky (1985, 1994), Matsumoto (1996), Takano (2004) なども参照
されたい．

第2章　日本語使役文　　　　　133

役主は基底構造では補文内の主語として生成され，補文動詞の主文動詞サセ
への繰り上げに伴って補文構造が消滅するために，主文の目的語のステータ
スを得て，ヲ格をもらうというものであった。[10] 以上の分析について問題と
思われるのは，ニ使役文でも補文動詞のサセへの繰り上げは起こるにもかか
わらず，この場合には補文構造が消えることはないのに対して，一方のヲ使
役文については補文構造が消滅すると仮定している点である。どういう場合
に補文構造の消滅が起こるのかを明確にしていないので，このままでは，ヲ
使役文の場合だけ，被使役主にヲ格を与えるために補文構造の消滅を都合よ
く仮定しているという批判を受けることになってしまう。理論的な観点から
いうと，1970年代までの初期の生成文法では，枝刈込み（tree pruning）な
どの操作で補文構造を消去する議論が認められていたが，1980年代以降の
GB理論やミニマリストの枠組では，統語派生において一度出来上がった構
造を変容させるような操作は認められていないため，現在の理論的コンテク
ストでは，この点に関する再考が必要となる。

　Tonoike（1978）の2つ目の問題点は，「二重ヲ格制約」にかかわるもので
ある。Tonoikeは，（14a）のような他動詞に基づくヲ使役文の非文法性を
「二重ヲ格制約」に拠るとしている。しかし，この制約について掘り下げて
考察してみると，一文にヲ格要素が2つ現れて文法性の低下が見られる場
合にも，実は2つの異なる種類の現象がかかわっていることが分かる（関連
する研究として，Harada（1975），Kuroda（1978），柴谷（1978），福井
（2000），Hiraiwa（2010）などを参照のこと）。次の文を考えてみよう。

（19）a.??花子ガ　太郎ヲ　浜辺ヲ　歩かせた。
　　　b.??警察ガ　泥棒ヲ　逃げようとしたところヲ　捕まえた。

---

　[10] なお，ニ使役文では補文構造が消えることなく，複文の構造を有することについては，
Tonoike（1978）ではとくに証拠などは挙げられていないが，以下のような文に基づいた関
連する議論がOshima（1979）にある（Miyagawa（1999）も参照）。
　（i）　太郎ᵢガ　花子ニ　彼ᵢヲ　批判させた。
（i）では「太郎」と「彼」が同一指示となる解釈が可能である。これは，先行詞である「太
郎」と代名詞の「彼」が異なる節に存在することを示す事実であると考えられ，ニ使役文が
複文構造を有することの証拠になる。

134 第 II 部　依存格と日本語の節構造

これらの文は，ヲ格要素が連続して現れており，確かに容認性が下がるが，(14a) や次の (20) の例などと比べると，文法性の低下はそれほど強くない.[11]

(20) a. *花子ガ　太郎ヲ　その本ヲ　読ませた.
　　 b. *健太ガ　直美ヲ　荷物ヲ　運ばせた.

(19) では，文法性の低下を ?? で表したが，これらの文の語順を変えて，ヲ格要素が連続しないようにすると，文法性はかなり改善する.

(21) a.　太郎ヲ　花子ガ（ゆっくりと）浜辺ヲ　歩かせた.
　　 b.　泥棒ヲ　警察ガ（パトカー 10 台で）逃げようとしたところヲ　捕まえた.

これに対して，使役文の (20) では，ヲ格要素が連続しないように語順を変えてやっても，文法性の改善はみられない.

(22) a. *太郎ヲ　花子ガ（無理やり）その本ヲ　読ませた.
　　 b. *直美ヲ　健太ガ（台車で）荷物ヲ　運ばせた.

さらに，(19) の文を分裂文の形にすれば，問題なく容認できる文になるのに対して，(20) は分裂文になっても，文法性が改善しないという違いも観察される.

(23) a.　花子ガ　太郎ヲ　歩かせたのは，浜辺（ヲ）だ.
　　 b.　警察ガ　泥棒ヲ　捕まえたのは，逃げようとしたところ（ヲ）だ.
(24) a. *花子ガ　太郎ヲ　読ませたのは，その本（ヲ）だ.
　　 b. *健太ガ　直美ヲ　運ばせたのは，荷物（ヲ）だ.

　以上のような考察に基づくと，ヲ格要素が連続しても完全に非文法的にならない (19) のタイプと，ヲ格要素が 2 つ生ずると完全な非文となる (20)

---

[11] 言うまでもなく，(20) の被使役主を「太郎ニ」「直美ニ」のように，ニ格に換えてやれば，文法的なニ使役文となる.

のタイプの 2 種類があり，前者はヲ格要素が連続しなければ文法性が改善することから，両者の文法性については，本質的に異なる取扱いが必要であることが明らかである．そして，すでに先行研究で指摘されているように，前者はヲ格要素の表面的な連続語順を禁止する「二重ヲ格制約」により説明すべきタイプの文であるのに対して，後者は単に表面的な連続語順の問題ではなく，項構造に関わる文法的違反が生じているために非文法的となるタイプの文である（詳しい考察については，福井（2000），Hiraiwa（2010）を参照．また，本書第 I 部第 4 章 3 節の議論も参照されたい）.[12] Tonoike（1978）の議論に戻ると，Tonoike は本来的に「二重ヲ格制約」で扱うべきでない（20）のタイプのヲ使役文の非文法性を，「二重ヲ格制約」で説明しようとしていたことになるので，この点に関しては，改善された分析が求められなければならない．

4. 日本語使役文の構造：提案

　本節では，第 1 章 2 節で提示された日本語の依存格付与規則および本章 2 節で導入された意味役割モデルに基づいて，Tonoike（1978）の日本語使役文の分析を改善する形で，新たな提案を行ってみたい．われわれの分析は，本章 1 節でみたように Jacobsen（1991）と西山（2000）の見解に従って，サセ（sase）を含む日本語使役文の本質は「他動詞化」というところにあると考えることになる．

　生成文法の研究の多くは，使役のサセを主動詞とみなし，使役主および補文を選択する機能をもつと考えてきた．本論の分析もこの点は踏襲する．具体的に示せば，例えば「太郎が働く」という文の意味役割構造は，上記（5）の意味役割階層に従って，《動作主》の「太郎」が vP の指定辞の位置を占め

---

[12] なお，（19）のヲ格要素が連続しても完全に非文法的にならないタイプの文に生起しているヲ格について，（19a）の「浜辺ヲ」の場合は経路要素に付与される内在格，（19b）の「逃げようとしたところヲ」の場合は副詞的要素に付く内在格とする分析がある（Kuroda（1978），黒田（1999）など参照）．いずれも（20）の使役文に現れる構造格としてのヲとは異なる事例であると考えられる．

る (25a) のような構造になるが，これにサセが加わると，(25b) のように，サセが v の位置を占め，使役主としての「花子」が vP の指定辞の位置に導入される．その影響を受けて，「働く」主体としての「太郎」と「働く」という動詞は，vP の階層から VP の階層にいわば降格する．つまり，v としてのサセは，その指定辞の位置に使役主をとり，その補部（VP）の位置に補文をとる構造をもつことになる．これが「花子が太郎を働かせる」という「他動詞化」された使役文である（(4a) の構造を参照．なお，(25b) において，hatarak が ase の位置に繰上がる動詞上昇のような操作があるかどうかは，ここでは問わないことにする）．

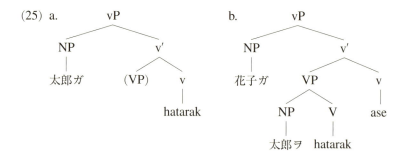

(25b) の「太郎」の意味役割がどのようになるかが問題に思えるかもしれない．ここでは，以下のように考えられる．使役主の「花子」がこの構造では《動作主》として，「花子が太郎を働かせる」という事態のいわば支配者となる．つまり，花子あるいは花子の意志がその事態を成立させる唯一の因子である．「太郎」は「花子」の命令，指示，許可あるいは直接の身体的働きかけなどを受けて，「働く」という行為にかかわることになるが，この事態の中ではすでに主体的な行為者ではない．この意味で「太郎」は，命令・指示・許可・行為などを受ける〈受取手〉ないし花子の支配の下で働かされる〈被動者〉として《場所》の役割をもつと考えられる．[13]

---

[13] 従来の研究では，ここでの「花子」と「太郎」の使役の関係を捉える概念として，「強制使役」「指示使役」「許可使役」「操作使役」などの用語が使われている．用語やその概念については，Shibatani (1976)，柴谷 (1978)，Shibatani and Chung (2001) など，柴谷氏の一連の研究を参照されたい．

第2章　日本語使役文　　　　　　　　　　137

格については，依存格の考え方に従うことになる．第1章2節で提示された格付与規則は，以下のようなものであった（再掲）．

(26)　日本語の格付与
　　　動詞句の領域において，
　　a.　動詞の語彙特性に基づき，当該の項に内在格・語彙格を与えよ．
　　b.　指示性をもつ最上位の項にガ格を与えよ．
　　c.　指示性をもつ最下位の項にヲ格を与えよ．
　　d.　（残りの）指示性をもつ項にニ格を与えよ．（非該当条件）

(25a, b) については，内在格・語彙格の付与は生じない．したがって，(26b) からの適用になるが，(25a) では唯一の項である「太郎」に (26b) が適用してガ格が与えられる．(25b) では最上位の項である「花子」に (26b) が適用してガ格が，最下位の項である「太郎」に (26c) が適用してヲ格がそれぞれ与えられる．結果として「花子が太郎を働かせる」というヲ使役文になるというのが，ここでの分析である．ヲ使役文のこの分析は，結果として，Tonoike (1978) の分析とほぼ同様の構造を生み出していることに注意したい．Tonoike は補文構造を消すことで単節の構造を作り，「太郎」を主文の目的語とすることでヲ格を与えたが，本論の分析では，「太郎が働く」という自動詞文の内容がサセ（v 要素）の補部（VP）に収まると考えるため，「花子が太郎を働かせる」という使役文は最初から単節の構造をもっている．そのため，目的語の「太郎」にはヲ格が付与されることになる．[14]
　　一方，ニ使役文は，どのような構造をもつのであろうか．Tonoike (1978)

---

[14] 念のため一言付け加えると，われわれは Jacobsen (1991) および西山 (2000) の見解に従って，使役のサセは「他動詞化」の機能をもつと考えているため，例えば hatarak-ase という使役動詞は，これ全体で1つの他動詞に相当する表現となる．したがって，自動詞の場合の hatarak は主語に当たる要素に《動作主》の役割を与えるが，使役化した場合には，hatarak-ase 全体で《動作主》の役割を与えることがあっても，hatarak が本来もっていた《動作主》の役割を被使役主に与えるなどのことは想定しないことになる．
　　また，注13 に記したように，(25b) の「花子」と「太郎」の使役関係は，「強制」「指示」「許容」「操作」などの多様な概念に対応できるため，われわれの分析の下では，ヲ使役文が「強制使役」など特定の使役状況に限定されるような特徴付けは行われないことに注意されたい．

は複文の基底構造を仮定して，補文中の主語を同一名詞句削除により消去することで派生したが，使役サセの機能が「他動詞化」にあると考えるわれわれの立場では，どのように分析されるであろうか．二使役文については，以下のような仮定を行うこととしたい．

　「太郎が働く」のような行為文は（25a）の構造をもつと述べたが，ここでもう1つの可能性を想定してみたい．日本語では，形式動詞「する」の用法が発達しており，「太郎がしたのは，働くことだ」などのいわゆる（擬似）分裂文の前提部に「する」が生起することがある．[15] この分裂文は，おおよそ「[太郎が [$_{vP}$ Ø] した] のは，[$_{vP}$ PRO 働く] ことだ」ほどの構造をもつと考えられる．そこで，形式動詞「する」が《動作主》主語と vP を補部にとる，「太郎が [$_{vP}$ PRO 働く] （ことを）する」のような構造をもつ文がありうるとまず想定する．さらに，これはかなり大胆な仮定にみえるかもしれないが，日本語の形式動詞「する」には，音形をもたないゼロ形が許されるという仮定を行う．すなわち，日本語の行為文には，（27a）のような構造が存在すると考えるのである（この構造において，Ø（su）は他動詞（相当）であるので，本来であればvとVの両方にまたがる意味内容をもつ要素として扱う必要がある．本論では，V の下に置く表記を採用するが，これは説明のための便宜的な措置と理解されたい）．

---

[15] 形式動詞「する」に関する先行研究については，Grimshaw and Mester (1988), Miyagawa (1989b), Terada (1990), Uchida and Nakayama (1993), 加賀 (1993), Matsumoto (1996), Saito and Hoshi (2000) などを参照．また，本書第 I 部第 2 章 3 節および第 4 章の議論も参照．

第 2 章　日本語使役文　　139

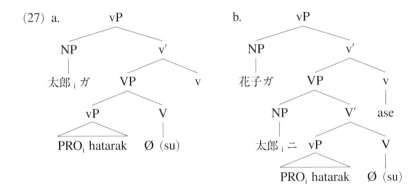

(27a) は，主動詞が「する」に相当するゼロ形の動詞であり，一方の「働く」は，VP の下に生じている vP に支配されていて，この vP（実際には，主語の PRO を含んだ節の内容をもつ構成素）が項の働きをするために，全体として「太郎が [働く] ことをする」ほどの意味内容をもつ．ただし，主動詞が音形をもたないゼロ形であるため，表面形は「太郎が働く」となり，(25a) と (27a) は結果的に表面形では区別できない．しかしながら，(25a) と (27a) は項構造の面ではっきりと異なる文であり，日本語にゼロの行為動詞を仮定するかぎりにおいて，区別して考える必要がある．[16]

　(27a) に対応する使役文を考えると，それは (27b) のようになる．(27b) では，他動詞化の機能をもつ使役のサセが，使役主の「花子」を導入し，そ

---

[16] 日本語にゼロの行為動詞を仮定する独立の論拠がほしいところであるが，その 1 つの候補として，日本語の結果キャンセル文が挙げられるかもしれない．池上 (1981) などで指摘されたように，日本語では以下のような結果をキャンセルする文が必ずしも矛盾しないと判断される．
　(i) a. 紙を燃やしたけど，燃えなかった．
　　 b. 沸かしたけど，沸かなかった．
　　 c. 船を浮かべたけど，浮かなかった．
これは，英語で *I burned the paper, but it didn't burn. のような文が言えないのとは対照的で，日本語動詞の特徴とも考えられるという．日本語に（英語などと異なり）ゼロの行為動詞が仮定されるとすれば，例えば (ia) は「〜は [紙をもやす（ということ）] - をした」のように分析することができ，この構造は，事態の中のとりわけ行為の部分に焦点をあてる解釈を受けるため，結果の部分が焦点から外れ，キャンセルが可能になると説明できるかもしれない．これは 1 つの可能性であるが，今後，検討を行ってみる価値はあると思われる．結果キャンセル文については，池上 (1981) の他に，蔡 (2004) などを参照．

れに伴って「太郎が [PRO 働く]（ことを）する」が VP レベルに降格するため，この文は「花子が太郎に [働く] ことをさせる」という意味内容をもつに至るのである．意味役割について確認すると，上記のヲ使役文の場合とほぼ同様となる．まず，使役主の「花子」は，《動作主》として「太郎に働かせる」という事態の支配者の役割をもつ．「太郎」は「花子」の命令，指示，許可あるいは直接的働きかけを受けるという意味で〈受取手〉であるとともに，花子の支配を受ける〈被動者〉として，《場所》の役割をもつと考えられる．ニ使役文の場合には，これに加えて，《存在者》の項として「働く（こと）」が存在していることになる．ここで，「働く（こと）」がなぜ《存在者》の役割かというと，「太郎」の領域において「働く（こと）」が実現すると考えられるからである．

　格付与の手順について確認してみよう．(27b) の構造では，まず「花子」が最上位の項であるため，(26b) の規則によりガ格を得る．次に，vP の構成素 [PRO$_i$ hatarak] が《存在者》として最下位の項であり，かつ，節としての内容を備えた指示性をもつ要素であるため，(26c) の規則によりヲ格をもらう．ただし，このヲ格は，当該構成素が項ではあっても，形態上は名詞句ではないため，表面的にヲが具現することはない．もし，形態的に名詞句であれば，「花子が太郎に {働くこと / 労働} をさせる」などのように，実際にヲ格として具現するところである．続いて「太郎」については，非該当条件の (26d) に従ってニ格が付与される．つまり，なぜニ使役文になるかというと，実際にヲ格が具現しない場合でも，最下位の項として《存在者》要素が存在するために，《場所》要素がニ格をもらうことになるためである．[17]

---

[17] ここでの説明では，「最下位の項にヲ格を与えよ」という (26c) の規則が適用するにもかかわらず，その項が名詞句でないときは，ヲ格として顕現しない場合もあるという仮定が重要な働きをしている．この仮定を行うことで，次のような例の格配列パターンも説明できることに注意したい．
　(i) a.　ジョンガ メアリー {ニ / *ヲ} 自分の家族について しゃべらせた．
　　　b.　ジョンガ メアリー {ニ / *ヲ} ビルが天才だと 言わせた．
これらの例は，Takano (2004) が他にヲ格要素が存在しないにもかかわらず，「メアリーヲ」では非文法的になるという点で，従来の格理論では説明が難しいとして提示した例である．本論の説明では，(ia, b) において「自分の家族について」と「ビルが天才だと」が最下位の項として（形態的には実現しない）ヲ格をもらうため，「メアリー」はヲ格をもらうことが

ヲ使役文とニ使役文について，ここでの分析を整理すると，ヲ使役文の場合もニ使役文の場合も，サセが「他動詞化」の機能をもち，使役主を新たに導入するという点では同じである．ヲ使役文とニ使役文の相違は，後者ではゼロの行為動詞の構造が仮定され，VP の中に vP 構成素が埋め込まれた，複節の構造が生ずるため，結果として 3 項の構造が生まれ，《場所》の役割をもつ被使役主が格付与の非該当条件に従ってニ格を受け取ることになるというところにある．ヲ使役文の場合は，単節の構造の下で，被使役主が最下位の項としてヲ格をもらうため，ニ格は顕現しないのである．

ここまでは，「働く」など自動詞に基づく使役文の分析を示してきたが，他動詞に基づく使役文はどうなるのであろうか．われわれの分析によれば，他動詞を含む使役文も 2 通りの構造をもちうることになる．1 つは，サセがその他動詞相当部分を補部として直に従える，単節の構造であり，もう 1 つは，ゼロ動詞が仮定され，サセの補部の中に vP 構成素が埋め込まれている，複節の構造である．「太郎が本を読む」という他動詞文に基づく使役文を考えるのであれば，まず 1 つは (28) のような構造となる．

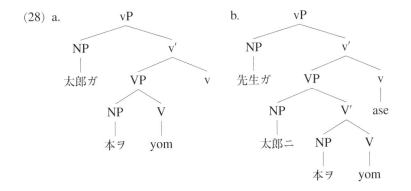

この構造では，(26) の格付与規則が適用することにより，(28a) ではガ・ヲの格パターンが生じ，(28b) では 3 項となるため，ガ・ヲに加えて，中間にある《場所》項にニ格が出現することになる．

できず，ニ格で具現しなければならないのである．

もう1つのゼロ動詞を仮定する複節の構造は，(29) のように表示される．

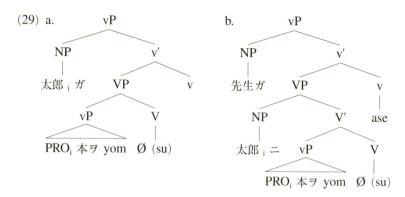

(29a) の構造は，「太郎が [本を読む] ことをする」ほどの意味内容に対応するものであり，その構造を基に使役文を想定すると，(29b) の形になる．(28b) と (29b) は，ともに「花子が太郎に本を読ませる」という同じ格パターンの文として具現するが，格の出どころが微妙に異なることに注意したい．(28b) ではその単節構造の下で，(26b-d) の規則によって，ガ・ヲ・ニの順序で格が与えられるのに対して，(29b) では，まず《存在者》の役割をもつ vP の構成素の中で格付与が適用し，「本」がヲ格をもらい（ガ格は原理上 PRO が受ける），その後，主節のレベルで格付与が行われることになる．主節レベルでは，「先生」が最上位の項としてガ格をうけ，vP 構成素が最下位の項としてヲ格をうけ（しかし，ヲとしては具現せず），最後に「太郎」がニ格をうけるという過程を経ることになる．[18]

格付与に関するわれわれの以上の説明を仮定すると，以下のようなヲ格が連続するパターンが日本語で許されない事実は，自然な帰結となる．

---

[18] われわれの分析では，他動詞に基づくニ使役文は単節構造をもつものと複節構造をもつものの2通りが存在することになる．本章3節でみたように，Kuroda (1965b) は他動詞を含むニ使役文を意味的にあいまいであると捉え，ヲ使役文とニ使役文の両方の基底構造に関係付ける分析を提示している．Tonoike (1978) は，その分析を批判しており，被使役主の意味役割（〈受取手〉かつ〈被動者〉である）という観点からみたとき，確かにその批判は当たっているのであるが，われわれの分析は，他動詞に基づくニ使役文が意味的にあいまいであるという Kuroda (1965b) の直観も捉えることができている点に注意しておきたい．

(30) a. *花子ガ　太郎ヲ　その本ヲ　読ませた．（＝(20a)）

　　　b. *健太ガ　直美ヲ　荷物ヲ　運ばせた．　（＝(20b)）

「太郎がその本を読む」「直美が荷物を運ぶ」などの他動詞文に基づいて使役文を想定した場合，(28) タイプの単節の分析をしたとしても，(29) タイプのゼロ動詞を仮定する分析を行ったとしても，いずれにしても (26b-d) の格付与規則に拠るかぎり，ヲ格が連続するパターンは生まれようがないのである．これに対して，本章3節で文法性が大きくは低下しない事例として挙げた (31) のような文は，どのように分析されるのであろうか．

(31) a.??花子ガ　太郎ヲ　浜辺ヲ　歩かせた．（＝(19a)）

　　　b.??太郎ガ　あの馬ヲ　あの門ヲ　通した．　　　　　(Kuroda (1988))

(31a, b) の「浜辺」と「あの門」は，〈経路〉を表す《場所》要素であり，格の観点からいうと，これらは「内在格」のヲと考えられる（注12を参照）．(26) の格付与規則では，依存格付与に先立って，(26a) によってヲ格を与えられる要素である．その後に (26b, c) によってガ格およびヲ格が与えられるために，これらの例では内在格のヲと依存格のヲが共存できることになる．[19] (31a, b) のようにヲ格要素が隣接して生ずると，表面的なヲ格の連続語順を禁止する「二重ヲ格制約」により文法性の低下がみられるが，スクランブリングによって表面語順を変更したり，分裂文に埋め込んだりすると，問題なく容認できる文になるのである（(21a) および (23a) を参照）．

5.　ヲ使役文とニ使役文の相違

　前節では，使役文の新たな分析を提示した．それによると被使役主がヲ格をとるヲ使役文は，自動詞に基づき，(25b) のような2項の構造をもつ場合であるのに対して，一方のニ使役文は，自動詞に基づいた場合にも，ゼロ

---

[19] なお，(31a, b) の「太郎」と「あの馬」は《存在者》要素であるので，「基底」の構造はそれぞれ「花子ガ浜辺ヲ太郎ヲ歩かせた」「太郎ガあの門ヲあの馬ヲ通した」となるはずである．したがって，(31a, b) はスクランブリングが適用した後の語順であると考えられる．

動詞を含み，元の自動詞が項の位置を占める (27b) のような 3 項の構造をもつために，被使役主にニ格が与えられるという説明である．ヲ使役文とニ使役文の以上のような構造的な相違を仮定すると，両者にみられる言語現象面での相違はどのように扱うことができるのであろうか．ここでは，そのいくつかをみることにしたい．

まず，Shibatani (1976) などで指摘されたように，無生物の被使役主はヲ格をとることは可能であるが，ニ格をとることは許されないという事実がある．

(32) a.　太郎ガ　野菜ヲ　腐らせた．
　　 b. *太郎ガ　野菜ニ　腐らせた．
(33) a.　太郎ガ　眼鏡ヲ　曇らせた．
　　 b. *太郎ガ　眼鏡ニ　曇らせた．

この事実は，「野菜が腐る」などの文が，状態変化の主体として《場所》の役割をもつ主語と状態変化動詞から成る (34) のような構造をもっており，「野菜が [腐る] ことをする」のようには解釈できないためであると考えることができる．

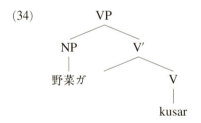

(34)

すなわち，「太郎が働く」などの行為文と異なり，「野菜が腐る」などの状態変化文には (35) のような行為のゼロ動詞を含む構造を想定することができないため，ニ使役文を作ることもできないのである．

(35) *[$_{vP}$ 野菜$_i$ ガ [$_{vP}$ [$_{vP}$ PRO$_i$ kusar]] Ø (su)]

ヲ使役文については，(34) の構造に vP の部分を追加して，v にサセを置

くとともに，vP の指定辞の位置に使役主の要素を導入することで問題なく作り出すことができる．

同様の説明は，Tonoike (1978) で取りあげられた感情動詞など，ヲ使役文は可能でも，ニ使役文は形成することができない動詞が存在するという事実に対しても有効である．

(36) a. 太郎ガ　花子ヲ　悲しませた．　　　　　　　　　(= (9a))
　　 b. *太郎ガ　花子ニ　悲しませた．　　　　　　　　(= (9b))
(37) a. 花子ガ　太郎 {ヲ / *ニ}　気絶させた．　　　(= (15a))
　　 b. 医者ガ　患者 {ヲ / *ニ}　死なせた．　　　　(= (15b))

Tonoike が自己制御不可能な動詞としてまとめているように，これらの動詞では，「太郎が [悲しむ] ことをする」という形の行為動詞への埋め込みができないため，ニ使役文は作ることができないと説明される．

Miyagawa (1999) において，次のようなヲ使役文とニ使役文の容認性の違いが観察されている．(38) の使役文はともに文法的であるが，語順を変えた (39) では，ヲ使役文は問題ないが，ニ使役文では容認性がかなり低下するというのである．

(38) a.　太郎ガ　子供ヲ　公園へ　行かせた．
　　 b.　太郎ガ　子供ニ　公園へ　行かせた．
(39) a.　太郎ガ　公園へ　子供ヲ　行かせた．
　　 b.??? 太郎ガ　公園へ　子供ニ　行かせた．

Miyagawa の観察によると，(39b) の文は「公園へ」に強勢を置き，焦点の解釈を与えると，文法性が上がるように感じられるが，普通の読み方をすると (39a) に比べて強い抵抗感があるという．われわれの分析では，(38a, b) の文はそれぞれ (40a, b) の構造をもつことになる．

(40) a.　太郎ガ　子供ヲ　公園へ　ik-ase –た
　　 b.　太郎ガ　子供ᵢ ニ　[PROᵢ 公園へ　ik] Ø-ase –た

(40a) のヲ使役文は単節の構造をもち，(40b) のニ使役文は《存在者》要素

として節をとるので，複節の構造となる．このような構造の違いを踏まえると，(40a) は単節の構造なので「子供ヲ」と「公園ヘ」の語順を変えても問題がない．[20] 一方，(40b) では，「公園ヘ」が「子供ニ」の左に移動するためには，vP 節の中から外に抜けるスクランブリング移動となり，不可能ではないが，その操作には少なくとも一定の動機付けが必要になると考えられる．「焦点」などの解釈を行わないと (39b) の容認性が低いというのは，そのような事情に拠ると説明される．

また，Terada (1990) は，使役文について次のような文法性の差が観察されることを報告している．ここでは副詞的要素「1人で」の生起位置が問題で，ヲ使役文では被使役主に先行して生じることが許されるが，ニ使役文では被使役主に先行する語順は許されず，被使役主よりも後に生起する必要があるという．

(41) a.　花子と太郎ガ　1人で　子供ヲ　公園ヘ　行かせた．
　　　b. *花子と太郎ガ　1人で　子供ニ　公園ヘ　行かせた．
　　　c.　花子と太郎ガ　子供ニ　1人で　公園ヘ　行かせた．

われわれの分析では，これらの事実に対しても自然な説明が可能である．(41a) のヲ使役文は単節の構造をもつので，副詞の位置はその節の中でほとんど自由である．これに対して，ニ使役文の構造は (42) のようになるが，「1人で」の解釈を考えると，正しいのは「花子と太郎が子供に [1人で公園ヘ行く] ことをさせる」であり，「花子と太郎が1人で子供に [公園ヘ行く] ことをさせる」ではないことが分かる．

(42)　花子と太郎ガ 子供 $_i$ ニ [PRO$_i$ 公園ヘ ik] Ø-ase -た

したがって，ニ使役文の場合には，(41c) のように「1人で」が被使役主よりも後にくる語順が求められるのである．

本節では，ヲ使役文とニ使役文の相違，とりわけヲ使役文は文法的である

---

[20] (40a) の「子供」は，ここでは〈移動体〉として《存在者》の役割をもつので，実際は，(39a) の方が《場所》-《存在者》の順に従っている基本語順である．

が，ニ使役文は文法的にならないような事例をとりあげて，われわれの分析
の下での説明を提示した．被使役主が無生物である事例，自己制御不可能な
事態を表す動詞の事例，スクランブリングの適用や副詞要素の位置が問題と
なる事例などであるが，いずれもヲ使役文は単節の構造をもつのに対して，
ニ使役文は複節の構造を含んでいるという点が事例の説明において決定的に
重要な役割を果たしている．われわれの分析は，まさにそのような仮定を
行っているわけであるが，日本語に行為のゼロ動詞を仮定すること，およ
び，《存在者》の位置に vP 要素を項として置いて依存格のヲ格を担わせる
という考えとともに，本論の分析の中心的なアイディアとなっている．

　先行研究では，例えば本論の分析のいわば下敷きになっている Tonoike
(1978) では，本論とは別の形ではあるが，ヲ使役文が単節構造をもち，ニ
使役文が複節構造をもつとの見解をとっているので，上記の事例について
は，本論とほぼ同様のやり方で説明することができると思われる．しかしな
がら，本章 3 節で指摘したように，Tonoike (1978) の分析は，ヲ使役文の
場合にだけ枝刈り込みの操作で補文構造を消滅させるとしており，ここには理
論的な克服しがたい問題がある．すなわち，ニ使役文には適用しない規則
が，なぜヲ使役文の場合にだけ適用するのかという問題に原理的に答えるこ
とができず，また，派生の段階で一度出来上がった構造を後に削除するなど
の再構造化の操作は，現在の理論的枠組みでは許されないという問題もあ
る．その他の先行研究でも，ヲ使役文とニ使役文が（少なくとも基底の構造
では）ともに複節の構造をしていると仮定する生成文法の研究が多いため，
それらの研究では，上記の事例を説明しようとすると，何らかの特別の追加
的措置が必要になってしまう．本論の分析との違いに留意しておきたい．

　ヲ使役文とニ使役文の意味的な相違についても，ここで少し考察しておき
たい．われわれは Tonoike (1978) に従う形で，2 つの使役文の意味的な違
いを「強制」や「許容」という概念で特徴付けるのには無理があることを確
認した（本章 3 節の議論を参照）．許容の場面で使われるヲ使役文や強制の
意味をもつニ使役文が実際に存在し，それらの文にも矛盾した感覚などは
まったくないのである．しかしながら，多くの先行研究において，ヲ使役文
とニ使役文を比べると，前者は「直接的」で「強制的」な色合いが強いのに

対して，後者は「間接的」で「許容的」な使役であるという趣旨のことが言われている．また，素朴な直観からいっても，両者に何らかの意味的な相違が存在することは間違いないように思われる．

われわれの分析では，「花子が太郎を働かせる」というヲ使役文と「花子が太郎に働かせる」というニ使役文は，それぞれ次のような構造をもっている ((25b) と (27b) を (43a, b) として再掲)．

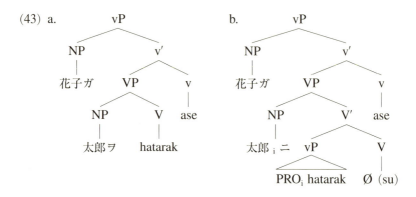

これらの構造において，「花子」は《動作主》の位置に生じて，いわゆる使役主として vP 全体で表される事態を主体的に引き起こす役割を担っている．これに対して，「太郎」は《場所》の位置に降格して，「花子」の命令・指示・許可・直接的な働きかけなどの下で，その支配を受ける〈被動者〉の役割をおう．ここまでは，(43a) でも (43b) でも変わることがなく，ヲ使役文とニ使役文に共通する点であると考えられる．一言付け加えると，使役主「花子」の支配の仕方には多様性があり，強制的な命令による場合もあれば，裁量を認める許可の場合などもあるということであった．(43a) と (43b) における「花子」と「太郎」の構造的関係は同一であり，ヲ使役文であっても，ニ使役文であっても，「花子」の「太郎」に対する支配のあり方には相違がないと考えられる．

両者で違いが生ずるのは，(43b) のニ使役文には行為のゼロ動詞が含まれており，また《存在者》の位置を占める vP の中に「働く」の主語としての PRO が存在していることによる．代名詞 PRO はその節の中では《動作主》

としての役割をもっていることに注意したい．ニ使役文で「太郎」自体は《場所》の役割をもつ要素として，主体的に行為を行う存在ではないが，「太郎」と同一指示の PRO は《動作主》として主体性を発揮する要素なのである．すなわち，複節構造をもつニ使役文には，同一指示の関係をもつ 2 つの要素が存在し，その 2 つが異なる役割を担うことができるために，例えば「花子が太郎に [主体的に働くこと] を強制する」という事態も十分に可能なのである．言うまでもなく，「強制」を受ける対象は「太郎」であるのに対し，「主体的に」働くのは PRO である．このように，ニ使役文には複節構造に伴う二重性が存在すると考えられる．

　整理をすると，(43a, b) における「花子」と「太郎」の関係は，使役主と被使役主の間の支配の関係であり，そのあり方としては，強制や許容や，さらに放任などもありうる．(43a) のヲ使役文において，もし花子が太郎に強制的な命令を与えたとすると，その場合には太郎の主体的な意志が発揮される余地は少なく，逆に花子が太郎に許容や放任の態度をとったとすれば，太郎の主体性が発揮される可能性は高まると考えられる．しかし，この場合の太郎の主体性は，Tonoike (1978) が指摘しているように，あくまで語用論に属する問題である．意味役割的には，(43a) のヲ使役文の「太郎」は「花子」の支配の下で「働く」ことに従事する〈被動者〉であり，「主体性」をもちうる要素ではないのである．一方，(43b) のニ使役文の「太郎」は，PRO と同一指示の関係をむすぶことにより，PRO が《動作主》の役割をもっているので，意味役割のレベルで主体性を発揮する必要がある．したがって，主体性をもつことのできない無生物や自己制御不可能な動詞の場合には，ニ使役文は非文法的になるのであった．このように考えてくると，次の例でみるように，ヲ使役文であっても，ニ使役文であっても，強制を表す副詞が生起可能であり，また許容のコンテクストでも容認できるという事実は，不思議なことではない．

(44) a.　花子ガ　無理やり　太郎 {ヲ / ニ}　働かせた．
　　 b.　花子ガ　自ら申し出た太郎 {ヲ / ニ}　働かせた．

両者の違いは，ニ使役文の場合には，「太郎」の行為者としての主体性が意

味役割のレベルで保証されるというところにある.

6. 使役文における「自分」

　本節では，使役文に再帰代名詞「自分」が生じたときの文法性について考察する．Shibatani (1976) は，日本語の使役文が複文構造をもつことを示すために，次のような事実を指摘した．「見せる」「着せる」などの 3 項動詞では，ニで導入される〈経験者〉要素や〈受取手〉要素が「自分」の先行詞になることはできないが，「見させる」や「着させる」など使役動詞になると，被使役主を「自分」の先行詞として解釈することが可能になる．

(45) a. 太郎$_i$は　次郎$_j$ニ　鏡に映った自分$_{i/*j}$ヲ　見せた.
　　 b. 太郎$_i$は　次郎$_j$ニ　鏡に映った自分$_{i/j}$ヲ　見させた.

(46) a. 太郎$_i$は　次郎$_j$ニ　自分$_{i/*j}$の服ヲ　着せた.
　　 b. 太郎$_i$は　次郎$_j$ニ　自分$_{i/j}$の服ヲ　着させた.

この違いは，日本語の再帰代名詞「自分」は主語指向性をもつという仮定，すなわち「自分」は文の主語のみを先行詞としてとることができるという，多くの研究者に受け容れられてきた仮定に基づくと，(45a) と (46a) の単文では「次郎」が（間接）目的語であり，主語ではないため，「自分」の先行詞になれないと説明される．一方，(45b) と (46b) の使役文は複文構造を有しているため，「次郎」が補文の主語のステータスをもっており，「自分」の先行詞になることができると説明される．また，われわれの説明においても，ニ使役文の場合には複節構造を採りうるため，(45b) の例でいえば，[PRO$_i$ 鏡に映った自分$_i$ ヲ 見る] という補文構造が存在し，この節中において主語の PRO と目的語「自分」の間で同一指示が可能となることから，その文法性を捉えることができる．

　本節でおもに考察の対象としたいのは，ヲ使役文の方である．ヲ使役文は，われわれの分析では単節構造をもつために，被使役主が「自分」の先行詞にはなれないことを予測する．一方，多くの先行研究はヲ使役文にも（基底では）複文構造を与えるため，ヲで導入される被使役主も，ニ使役文と同

様に,「自分」の先行詞になると予測する．問題となるのは,(47a) のような文であるが,さてどちらの予測が正しいのであろうか.

(47) a. 花子ガ　太郎ヲ　自分の部屋で　働かせた.
　　　b. 花子ガ　太郎ニ　自分の部屋で　働かせた.

先行研究を探ってみると,少し驚くことに,(47a) のタイプの使役文をとりあげて,文法性判断を示している研究はそれほど多くない．Shibatani (1976) では (45) と (46) のニ使役文の例が提示されているが,再帰代名詞を含むヲ使役文は例示されていない．(47a) タイプのヲ使役文ではっきりと判断を示している研究としては,Takano (2004) と Matsumoto (1996) がある.

(48) a. ジョン$_i$ガ　メアリー$_j$ヲ　自分$_{i/j}$の庭で　働かせた.
　　　　　　　　　　　　　　　　　　　　　　　　　　(Takano (2004))
　　　b. ジョン$_i$は　(無理やり) メアリー$_j$ヲ　自分$_{i/?j}$の家で　働かせた.　　　　　　　　　　　　　　　　　　　　(Matsumoto (1996))

Takano は「メアリー」が「自分」の先行詞になれるという判断をしており,Matsumoto は「強制的な誘発使役の解釈の下で」と断った上で,「メアリー」を「自分」の先行詞とするのは幾分の抵抗感があるとの判断を示している.(47a) タイプのヲ使役文を母語話者に判断してもらうと,多くの人から,(47b) のニ使役文の場合には問題なく被使役主を「自分」の先行詞として解釈できるのに対して,(47a) のヲ使役文の場合にはそれに比べると難しい感じがあるが,しかし,被使役主が「自分」の先行詞になれないかというと,そうではなく,一応は可能であろうという趣旨の答えが返ってくる．ヲ使役文における再帰代名詞「自分」の振舞いは,どのように考えたらよいのであろうか.

　ここで,韓国語の使役文についてみることにしたい．[21] 韓国語は日本語と

---

[21] 日本では「韓国語」という名称と「朝鮮語」という名称が混在して使われている．本論では「韓国語」という名称を用いるが,これは,参考にした文献の著者およびインフォーマントに韓国出身者が多いためである.

152　　第 II 部　依存格と日本語の節構造

言語系統的に近い関係にあり，膠着言語として文法的に似通った面も多数観
察される．韓国語の使役文の研究においても再帰代名詞の振舞いが議論され
てきており，日本語使役文よりもむしろ韓国語の方で，徹底的な調査が行わ
れているということがあるため，日本語の再帰代名詞の議論にも参考になる
と考えられるのである．

　韓国語の使役表現には，動詞の語幹に i, hi, ki, li, wu, kwu, chwu な
どの接辞が付加したものと，動詞の語幹に key ha-ta といった形式を後続さ
せるものがある．(49a, b) がそれぞれの例であるが，前者は短形使役や語
彙的使役，接辞使役などと呼ばれ，後者は長形使役や迂言的使役，分析的使
役などと呼ばれる．[22]

(49) a.　Kim-ssi-nun　ai-lul　　　　wus-ki-ess-ta.
　　　　　Kim-Mr-TOP　child-ACC　laugh-C-PST-DCL
　　 b.　Kim-ssi-nun　ai-lul　　　　wus-key　　ha-yess-ta.
　　　　　Kim-Mr-TOP　child-ACC　laugh-KEY　do-PST-DCL

鷲尾 (2002) にそれぞれの使役表現の分かり易い解説があるので，引用して
みたい．

(50)　[49a] の動詞部分は，自動詞語幹 wus- に使役の形態素 -ki- が付い
　　　た複合動詞であり，少なくとも形式面では，日本語の「笑わせた」
　　　に似ている．(中略) [49b] は，動詞語幹が -key という形態素を伴
　　　い，それに「する」という意味の動詞 ha- が続いた形であり，分析
　　　的に直訳すれば「笑うようにする」ほどの表現になる．この「～よ
　　　うに」の部分が，一応 -key に対応している．　　(鷲尾 (2002: 3))

　短形使役と長形使役の意味的な違いについて，Shibatani (1973b) は以下
のように述べた．短形使役における被使役主は動作主性がなく，使役主が唯
一の行為者となるのに対して，長形使役では被使役主が動作主性を有してお

---

[22] (49a, b) は，Shibatani (1973b) からの引用である．グロスの省略記号は，TOP =
Topic, ACC = Accusative, C = Causative, PST = Past, DCL = Declarative, NOM =
Nominative, DAT = Dative, GEN = Genitive である．

り，使役主に加えて，被使役主も自立した行為者として解釈される．そして，この意味的な相違は，構造的な相違としても捉えることができ，短形使役は単節の基底構造（simplex underlying structure）をもつのに対して，長形使役は埋め込み構造（embedding structure）に対応すると，Shibatani は主張している．Shibatani のこの韓国語に関する主張は，われわれの日本語使役文の分析との関係でとらえると，短形使役は単節構造をもち，被使役主に行為者性が認められないという点でヲ使役文と共通し，長形使役は複節構造であり，行為者性がかかわるという点でニ使役文（の一部）と重なることになり，たいへん興味深い．

　Shibatani（1973b）は，その主張を支持する経験的証拠として，再帰代名詞に関する事例を挙げている．[23] 韓国語の再帰代名詞 caki は，日本語の「自分」と同様に主語指向性を示すが，短形使役と長形使役で調べてみると，長形使役では使役主と被使役主の両者が caki の先行詞になりうるのに対して，短形使役では使役主だけが先行詞になれるという．

(51) a. emeni$_i$-nun　atul$_j$-eykey caki$_{i/*j}$-uy os-ul
　　　 mother-TOP　son-DAT　　self-GEN clothes-ACC
　　　 ip-hi-ess-ta.
　　　 wear-C-PST-DCL
　　　 'The mother dressed the son with her/*his own clothes.'

---

[23] Shibatani（1973b）では，彼の主張を支持する証拠として，他に副詞類の修飾関係，文代名詞の可能性などに関する韓国語の事実も挙げられている．例えば副詞 ppalli（素早く）は，(ia) の短形使役では主語の使役行為だけを修飾できるが，(ib) の長形使役では主語を修飾する解釈および被使役主を修飾する解釈の両方が可能であるという観察が示されれている．

　　(i) a. emeni-nun　ai-lul　　　os-ul　　　ppalli pes-ki-ess-ta.
　　　　　 mother-TOP child-ACC clothes-ACC quickly take off-C-PST-DCL
　　　　　 'The mother undressed the child quickly.'
　　　 b. emeni-nun　ai-eykey　os-ul　　　ppalli pes-key　　ha-yess-ta.
　　　　　 mother-TOP child-DAT clothes-ACC quickly take off-KEY do-PST-DCL
　　　　　 'The mother had the child take off the clothes quickly.'

本論では，再帰代名詞に関する事実を中心的に論じているため，それ以外の副詞類の事実などについては，付随的に言及する程度にとどめることとする．

b. emeni$_i$-nun   atul$_j$-eykey caki$_{i/j}$-uy os-ul   ip-key
   mother-TOP son-DAT   self-GEN clothes-ACC wear-KEY
   ha-yess-ta.
   do-PST-DCL
   'The mother had the son put on her/his own clothes.'

(51a) の短形使役は単文であるため，目的語の被使役主は再帰代名詞の先行
詞になることができないが，(51b) の長形使役は複文の構造をもつため，被
使役主も埋め込み文の主語として再帰代名詞の先行詞になりうるという理屈
である．Shibatani の以上の議論は，たいへん明晰であり，日本語の使役文
を考察する際にも参考になると思われる．

　しかしながら，Shibatani (1973b) の韓国語使役文の分析に対しては，そ
れを支持する研究もあるものの，逆に反論を展開する研究も少なからず存在
する．支持する研究としては，塚本 (1997) などがあり，Shibatani (1973b)
のデータなども引いて，韓国語の短形（接辞）使役では，再帰代名詞が被使
役主を先行詞とすることはないという判断を示している．塚本はさらに，日
本語のサセの使役と韓国語の短形使役を対比させて，次のように述べてい
る．

(52)　日本語の使役構文は，一つの文の下にもう一つの文が埋め込まれ
　　　た複合的な構造になっているのに対して，韓国語の使役構文は，
　　　一つの文しか存在しない．　　　　　　　　（塚本 (1997: 194)）

一方，Shibatani (1973b) の分析に反対する立場の研究には，Yang (1974)，
Lee (1975)，Song (1980) などの韓国系研究者による反論がある．彼らに
よると，短形使役でも動詞の種類によっては，被使役主が「行為者」として
解釈できる場合があり，また，被使役主が再帰代名詞の先行詞になることも
できるという．これらの主張は，Shibatani (1973b) の分析に真っ向から反
しているようにみえる．さて，どちらの主張が正しいのであろうか．
　韓国語の短形使役は単文構造をもつとする Shibatani (1973b) や塚本
(1997) の分析と，それに反対する立場の韓国系研究者の研究を包括的に考

察するとともに，韓国語再帰代名詞に関する事実の調査を自ら徹底的に行った研究が鷲尾（2002）にある．鷲尾（2002）はかなり長めの論考であり，念入りな議論が展開されているため，簡潔なまとめは難しいが，ここでは彼の研究の論点をいくつか拾い出して紹介してみたい．まず，短形使役における再帰代名詞の先行詞の問題に関して，鷲尾は，動詞の種類等によって判断に個人差がみられると断りながらも，実際に調査を行ってみると，一般にShibatani や塚本の予測とは矛盾する結果が得られると述べる．例えば次の例において，主語の「スンジャ」だけでなく，被使役主の「弟」も再帰代名詞 caki の先行詞になりうるとの判断が一般的であるという．

(53) Swunca-ka tongsayng-eykey caki chayk-ul ilk-hi-ess-ta.
S.-NOM brother-DAT self book-ACC read-C-PST-DCL
'Swunca had her brother read her/his own book.'

ただし，鷲尾は被使役主も再帰代名詞の先行詞になれるという事実を指摘するだけでなく，調査の結果を慎重な言い回しで次のように報告している．

(54) 統語的に主語として表示されている「スンジャ」を先行詞とする解釈の方が優勢であり，何の説明も加えずにこの文を提示すれば，母語話者は例外なく「自分＝スンジャ」と理解する．しかし状況を説明したり文脈を与えたりして確認すると，「自分＝弟」の解釈も可能であると答える話者は多い．　　　　　　　　（鷲尾（2002: 19））

韓国語短形使役において，被使役主が再帰代名詞の先行詞になる解釈は確かに可能ではあるが，主語の使役主が先行詞になるのと同等の資格で可能というわけではなく，使役主が先行詞となる解釈が優勢であるのに対して，被使役主が先行詞となる解釈は排除はされない程度に（かろうじて）可能というのである．このように許容度に大きな差があるものの，被使役主が再帰代名詞の先行詞になることは不可能とはいえないので，Shibatani（1973b）や塚本（1997）ではなくて，韓国系研究者の方の事実認定に軍配を上げざるをえ

156 第 II 部　依存格と日本語の節構造

ないというのが，再帰代名詞の問題に関する鷲尾の結論である．[24]

　そうすると，韓国語の短形使役に関する分析としては韓国系研究者による
ものの方が正しいのかというと，必ずしもそうではないというのが鷲尾
(2002) の見解である．鷲尾は，短形使役において被使役主が「行為者」と
解釈されるかという点については，韓国系研究者ではなく，Shibatani
(1973b) や塚本 (1997) の方の主張に分があるという立場をとる．この点に
関する鷲尾の考察はきわめて巧妙である．(53) の「スンジャが弟に本を読
ませる」という使役文では，弟は本を読むという「行為」をしており，被使
役主が「行為者」であるというのは紛れのない事実であるように思われ，こ
の点を韓国系研究者は重視しているのであるが，しかし，ここには「現実世
界」と「言語世界」を峻別しきれないことに起因する混乱があると，鷲尾は
みる．例えば次の例は，「その母親は娘にきれいな服を着せて卒業式場に行
かせた」というほどの意味であるが，この文は「大学生の娘のために母親が
洋服をしつらえてやり，娘がそれを着て卒業式に出掛けた」という文脈の下
で考えるのが自然であるという．

(55)　ku emeni-nun　　ttal-eykey　　yeyppun os-ul
　　　the mother-TOP daughter-DAT pretty　　clothes-ACC
　　　ip-hi-ese　　colepsikcang-ey　　　　　　　ponay-ss-ta.
　　　wear-C-AND graduation ceremony place-DAT send-PST-DCL

（鷲尾 (2002: 36)）

そうすると，実際に服を着たのは被使役主の娘なので，その意味で娘は行為
者ということになるが，それはあくまでも現実世界での話である．この文は
「娘がきれいな服を着て卒業式に行く」という出来事をもっぱら母親の決断
によって実現したものとして描いている．とすれば，「言語」レベルにおけ
る話者の認識では，服を着ることを含めて，出来事すべてが母親の意志に
よって実現されたものという見方ができる．「現実」の出来事として実際に

---

[24] 鷲尾 (2002) は，副詞の修飾関係についても若干の事例を提示して議論しているが，
韓国語の短形使役において副詞表現が被使役主の行為を修飾する解釈は（かろうじて）可能
であるとみている．

服を着たのは娘であるとしても，その現実はここでは問題にならない．(55)
の言語表現が伝えようとしているのは，娘の行為ではなく，あくまで母親の
行為なのである．鷲尾は，このような状況，すなわち使役主の意志がすべて
を支配するような状況を「全能使役」(omnipotent causative) と呼び，韓国
語の短形使役は，全能使役と特徴付けるべきとの見解を示している．(53)
の「読ませる」の短形使役文においても，同様の見立てが可能であり，弟が
本を読むという「行為」はあくまで現実世界のそれなのであって，言語レベ
ルで (53) が表しているのは，「弟が本を読む」という事態を成立させるス
ンジャの意志ないし行為であると，鷲尾は考えている．[25]

　鷲尾 (2002) は，再帰代名詞の先行詞の問題については，一応，韓国系研
究者の見解に軍配をあげ，一方，使役文の「行為者」の解釈の問題に関して
は，「全能使役」という考え方を提示しており，これは Shibatani (1973b)
および塚本 (1997) に好意的な立場であると見なすことができる．鷲尾
(2002) は韓国語使役文の統語構造については，ほとんど議論していないが，
「副詞表現や再帰形の意味解釈を統語レベルで行なう必然性はないので，仮
にこれを概念構造（意味構造）に基づいて行なうとすれば，短形使役の統語
構造には単一の節しか含まれないと分析することは，依然として可能であ
る」(p. 35) というような発言をしており，韓国語使役文の分析全体につい
ては，Shibatani および塚本の立場を支持していると考えられる．再帰代名
詞の問題については，被使役主が先行詞になれないとする彼らの事実観察に
はやはり無理があるので，再帰形の意味解釈については統語構造とは別のレ
ベルで行う可能性を考えることで，単文構造の分析からは切り離して，別の
問題として扱いたいという立場であると理解される．

　ここで日本語の再帰代名詞の例に立ち戻って考えることにする．問題は，
(56) のようなヲ使役文における「自分」の解釈の可能性であった．

---

[25] 本章4節において，われわれは「花子が太郎 {を / に} 働かせる」という使役文の使役
主と被使役主の意味役割を措定する際に，「花子は事態の支配者であり，太郎は花子の支配
の下で働かされる〈被動者〉である」というような趣旨の記述を行ったが，これは鷲尾
(2002) の分析を採り入れたものとなっている．

158　　第 II 部　依存格と日本語の節構造

(56)　花子ガ　太郎ヲ　自分の部屋で　働かせた　　　　　　(= (47a))

韓国語に関する議論をそのまま日本語に適用しても，必ずしもその妥当性が保証されるわけではないが，状況を判断すると，韓国語短形使役の caki に対する分析は，この場合の「自分」にほぼあてはまるように思われる．鷲尾(2002) によると，韓国語の短形使役に生じた再帰代名詞は，使役主を先行詞とする解釈が優勢で，被使役主を先行詞とする解釈は，状況や文脈を与えてやると何とか成立する程度に可能ということであった．(56) について考えると，まず得られるのは「花子」が「自分」の先行詞になる解釈であり，これは間違いがない．「太郎」が「自分」の先行詞になり得るかは，すぐには明確ではないが，例えば次のように命令文にして使役主（主語）を表面から消してやると，「太郎」が「自分」の先行詞となる解釈は得やすくなると思われる．[26]

(57)　太郎ヲ　自分の部屋で　勉強させなさい

実際にヲ使役文について母語話者の判断を掘り下げて尋ねると，すでに記したように，ニ使役文に比べると「自分」の先行詞に被使役主を選ぶ解釈は難しいが，不可能というわけではないという回答が多く戻ってくる．ここでは(56) のタイプのヲ使役文では，主語が「自分」の先行詞になる解釈が優勢であるが，一方，被使役主が「自分」の先行詞になる解釈も一応は可能であり，副次的な (secondary) オプションとして許容されると考えておくことにしたい．

　われわれは日本語ヲ使役文は単節構造をもつと仮定しているため，理論的には被使役主が「自分」の先行詞になることはないと予測する．しかしながら実際には，副次的なオプションではあるが，その解釈は存在するようである．これは，韓国語の短形使役にみられたのと同様の状況であり，鷲尾

---

[26] 鷲尾 (2002) は，韓国語において (53) を命令文にした (i) では「自分＝弟」の解釈がかなり出やすくなるという観察を行っている．

(i)　tongsayng-eykey caki chayk-ul　ilk-hi-e-la.
　　brother-DAT　　　self　book-ACC　read-C-INF-IMP
　　'Have the brother read his book.'

第 2 章　日本語使役文　　　159

(2002) が主張するように，被使役主が「自分」の先行詞になれるという事
実があったとしても，日本語ヲ使役文は意味役割の観点からみれば「全能使
役」の解釈をもつ，単節構造の文であると分析することは可能である．鷲尾
が示唆するように，再帰形の意味解釈については，統語構造レベルで行う必
然性はないからである．鷲尾は再帰形の解釈を概念構造（意味構造）に基づ
いて行う可能性を提案しているが，生成文法の枠組みではどのように考えら
れるであろうか．

　理論的な考察の前に，「自分」に関するデータをもう少し見ておきたい．
Farmer (1984) は (58a) の使役文を提示して，被使役主が「自分」の先行
詞になれるという判断をしている．

(58) a.　太郎$_i$ガ　花子$_j$ヲ　自分$_{i/j}$の家へ　行かせた．
　　　b.　ジョン$_i$ガ　メアリー$_j$ヲ　自分$_{i/j}$の家ニ　居させた．
　　　c.　ジョン$_i$ガ　メアリー$_j$ヲ　自分$_{i/j}$の家ニ　帰らせた．

(58a) は (56) タイプの使役文と違う点がある．(56) の被使役主「太郎」は，
使役主「花子」の命令なり指示なりを受ける《場所》の意味役割をもつ要素
であり，「自分の部屋」は「太郎が働く」という出来事が起こる付加詞として
の「場所」である．一方，(58a) の被使役主「花子」は「自分の家」という
《場所》に移動する《存在者》要素である．すなわち，(58a) では「花子」も
「自分の家」もどちらも項であり，《存在者》と《場所》の関係を結んでいる
要素であると分析される．(58b, c) もその類例である．(58a–c) で「自分」
の先行詞について考えると，主語が先行詞になる解釈がまず得られるが，被
使役主が先行詞となる解釈も，Farmer (1984) が言うように，それほど難
しくなく得られるように思われる．(56) の使役文と比べると，(58) の使役
文の方が被使役主が「自分」の先行詞になる解釈が，微妙ではあるが，出や
すいように感じられる．(56) および (58) における被使役主が「自分」の先
行詞になる解釈は，生成文法の枠組みの下ではどのように説明することがで
きるのであろうか．

　生成文法において再帰代名詞の先行詞の決定などを扱うのは束縛理論であ
るが，最近のミニマリストの枠組みでは，深層構造や表面構造が表示レベル

160   第 II 部　依存格と日本語の節構造

として認められないので，束縛条件が適用するのは，概念・意図インター
フェイスとしての論理形式（LF）である（Chomsky（1995, 2008）などを参
照）．LF では，統語派生において構築された統語構造に基づいていわゆる
意味解釈が行われるが，意味役割に基づく解釈の他に，疑問詞や数量詞の作
用域の決定，束縛関係の決定なども行われると考えられる．日本語の再帰代
名詞「自分」の先行詞が主語指向性をもつことの本質がどこにあるのかは，
今のところ不明であるが，LF においてその事実を捉えようとすれば，「自
分」は統語構造的情報に基づいて「主語」が先行詞であると規定することに
なる．[27] ここで得られる「自分」の解釈が第一次的な（primary）優先される
読みとなる．

　「自分」の先行詞の副次的な解釈についてはどうであろうか．この問題に
対する 1 つの答え方として，LF では，統語構造において構築される「主語
－述語」の関係に加えて，追加的に「主語－述語」の関係が生まれる場合が
あると想定することが考えられる．例えば（58a）の例を取り上げると，統
語構造的には「太郎」が主語であり，「行かせた」が述語である．「花子」と
「自分の家」はそれぞれ《存在者》と《場所》の役割をもつ項であり，統語的
には互いに主述の関係を結ぶような要素ではない．しかし，LF において意
味解釈をうける際には，「花子」が「自分の家」に「行く」ことになるので，
意味的な含意として「花子」が「自分の家」に存在することになり，ここに
一種の「主語－述語」の関係が生まれると考えられる．そして，LF で生み
出されるこの新たな「主語－述語」の関係に基づいて「自分」の先行詞が選
ばれるのが，被使役主の「花子」を先行詞とする副次的なオプションとして
の解釈ではないかと思われる．（58b, c）においても，「メアリー」が「自分
の家に居る」「自分の家に帰る」という意味内容であるため，《存在者》の

---

　[27] なお，「自分」には「意識主体照応的」（logophoric）な用法があり，その場合には，必
ずしも主語が先行詞になることが求められないことが指摘されている（Kuno（1973），
Sells（1987）など参照）．次のような例において目的語の「太郎」と「メアリー」は，補文
の内容を「意識」する主体であり，「自分」の先行詞となっている．
　（i）a.　花子が自分 $_i$ を憎んでいることが太郎 $_i$ を悩ませた．
　　　b.　その経験はメアリー $_i$ に自分 $_i$ が馬鹿であることを教えた．

「メアリー」が「自分の家」という《場所》を占めるという含意が生まれ，LF
においてその両者の間に一種の主述関係が生ずることから，「メアリー」が
「自分」の先行詞になる解釈が許容されていると考えられる。[28]

　英語で代名詞と再帰代名詞が同一の環境に生起する場合があるが，その1
つとして次のような例を挙げることができる（例は，Kuno (1978) と Rein-
hart and Reuland (1993) から引用）.

(59) a.　John put the blanket next to him / himself.

　　 b.　Max rolled the carpet over him / himself.

束縛条件からいえば，(59a, b) が単文構造をもつとすると，再帰代名詞は
生起できても，代名詞は生起できないはずである．生成文法の従来の分析で
は，この場合の目的語と前置詞句が小節（small clause）を成すため，代名
詞も生起可能であるとする見解が多くみられるが，believe や consider など
の認識動詞が小節を従える場合はよいとしても，put や roll などの行為動詞
が統語的に小節を選択するという仮定にどれだけの妥当性があるかは疑わし
いと考えざるをえない．われわれのここでの考え方を採れば，目的語と「場
所」の前置詞句の間に「存在」の含意があるため，LF において一種の主述
関係が生み出され，その結果として目的語と前置詞句が束縛に関する一定の
領域を形成することになる．そのために，「場所」の前置詞句には代名詞が
生起できるのである．(59) のような英語のデータは，《存在者》と《場所》
の関係にたつ要素が LF において一種の主述関係を結ぶことがあるという仮
定を支持する1つの事例になると思われる．

---

[28] Kitagawa (1980) は，以下の文を提示して，再帰代名詞「自分」は目的語の「直美」を
先行詞とすることができるという判断をしている．
　(i)　早く直美ヲ自分の家に帰してしまいなさい．
この場合の動詞は「帰す」という他動詞であり，「帰らせる」という使役形ではない．それ
にもかかわらず，目的語が「自分」の先行詞となる解釈が得られるのは，「直美」と「自分
の家」が《存在者》と《場所》の関係にあり，LF において一種の主述関係を結ぶからである
と考えられる．さらに，この文が主語を欠く命令文であること，動詞が「帰す」という「自
宅」を連想させる内容をもつ動詞であること，なども目的語解釈に寄与していると考えら
れる（Matsumoto (1996: 26) の議論を参照）.

162　　　第 II 部　依存格と日本語の節構造

　われわれは，LF における追加的な主述関係の成立を仮定することにより，
(58) タイプの使役文で被使役主が副次的オプションとして「自分」の先行
詞になる事実を捉えようとした．(56) タイプの使役文ではどのように考え
られるであろうか．このタイプの使役文は，「場所」表現を含んでいるが，
これは項としての《場所》ではなく，出来事の生起場所を表す付加詞的要素
である．(56) のような事例は，以下のように分析できると思われる．(56)
において，「太郎」は「働かせた」という動詞の目的語であり，統語構造的に
は主語のステータスはもっていない．しかし，LF において成立する意味関
係を含意なども含めて明示することが求められるとすると，他動詞としての
「働かせる」の主語は「花子」であるが，その一部を成す「働く」については，
その主語（主体）は「太郎」ということになり，このような意味関係も何ら
かの形で明示する必要があると考えられる．この場合の「働く」と「太郎」
の関係を具体的にどのように表示するのがよいのかについては，今後の課題
であるが，いずれにしても「[太郎 – 働く] – させ」などの形の意味表示が
LF には存在すると考えなければならない．[29] そうすると，この LF 表示に
おいては「太郎」は主語のステータスをもつこととなり，「自分の部屋で」の
「自分」が「太郎」を副次的オプションとして先行詞にとる可能性が生まれる
と考えることができる．

　このようにみてくると，被使役主が「自分」の先行詞になるという副次的
オプションの解釈は，LF において新たに形成される主述の関係に基づくも
のであろうという見通しが得られたように思われる．副詞類の修飾について
簡単に触れておくと，例えば (60a, b) の文で考えると，(60b) のニ使役文
では「一生懸命」が「太郎」の行為にかかる読みが難なく得られるが，(60a)
のヲ使役文ではかなり難しい感じがある．

(60) a.　花子ガ　太郎ヲ　一生懸命　働かせた．
　　　b.　花子ガ　太郎ニ　一生懸命　働かせた．

---

　[29] LF において「[太郎 – 働く] – させ」などの表示を作る操作は，統語派生で得られた構
造を壊したり，再編したりするものではなく，表示の詳述化 (specification) のための書き
足しであろうと考えられる．

第 2 章　日本語使役文　　　163

しかし，「太郎を一生懸命働かせろ」のように命令文にすると，「太郎が一生
懸命働く」の解釈が得やすくなるなどのことから考えて，(60a) においても
「一生懸命」が「太郎」にかかる読みは「副次的に」可能であると考えるべき
であろう．そして，この副次的な解釈は，LF で「太郎」が「働く」と一種の
主述関係を結ぶために可能になると考えられる．ただし，ここで「一種の主
述関係」と述べたものが，どのような関係であるのか，また，その関係を作
り出す LF の操作や手続きはどのようなものなのかについては，さらに掘り
下げた今後の研究が必要であると思われる．

7.　まとめ

　本章では，日本語使役文の分析を提示した．まず，使役のサセの機能は，
「他動詞化」にあると仮定した．分析の主眼は，第 1 章で導入した依存格の
考え方を適用することにより，ヲ使役文とニ使役文の違いを原理的に導き出
すことにある．その分析によると，ヲ使役文はつねに単節の構造をもち，被
使役主が最下位の項であるため，ヲ格を得ることになる．一方，ニ使役文
は，単節の場合と複節の場合があり，それぞれ被使役主よりも下位に項が存
在するために，被使役主にニ格が与えられる．複節の場合は，ゼロの行為動
詞が仮定され，《存在者》項に vP が埋め込まれる構造が措定された．この
ゼロ動詞および vP が項として埋め込まれた構造を仮定することが，先行研
究では見られなかった方策であり，本章の分析の特色とすべき点であると思
われる．その仮定により，ニ使役文（の一部）では被使役主が「行為者性」
をもつ事実が自然に説明され，ヲ使役文との解釈上の相違についても妥当性
のある説明が可能になったと思われる．さらに，ヲ使役文における「自分」
の振舞いについては，韓国語短形使役の議論および鷲尾 (2002) の提案に沿
う形で議論を行い，被使役主が「自分」の先行詞となる副次的な解釈には，
LF で成立する一種の主述関係がかかわっている可能性を示唆した．本章の
日本語使役文の分析が，先行研究では答えることのできなかった問題に解決
の糸口を与えることができているとすれば，その要因として，「依存格」の
考え方を導入したことに加えて，Kaga (2007) の意味役割モデルを仮定し

て，被使役主が使役主の命令や指示を受け取る〈受取手〉であるとともに，〈被動者〉としての役割を併せもつことが可能になっているという点も挙げることができる．この点も念のため指摘しておきたい．

第 3 章

日本語受動文

1. 日本語受動文の多様性

　日本語には（1a, b）のような直接受動文に加えて，（2a, b）のような間接受動文が存在する．間接受動文は，本来自動詞である「降る」や「死ぬ」に受動形態素ラレがついた受動文であり，世界の言語でも珍しいとされる.[1]

　(1) a.　太郎が先生にほめられた.
　　　b.　太郎が花子に殴られた.
　(2) a.　太郎が雨に降られた.
　　　b.　太郎が息子に死なれた.

直接受動文と間接受動文という用語は 1970 年代から様々な文献で使われてきているが，この場合の「直接」「間接」の区別は，直観的にいえば，動詞が表わす行為・出来事の影響が受動文の主語に直接及んでいるか，そうでないかの違いに基づいている．もう少し理論的な観点からいえば，直接受動文と間接受動文の違いは，i) 直接受動文には対応する能動文が存在するのに対して，間接受動文には存在しない，あるいは，ii) 間接受動文は常に「被

---

　[1] 自動詞に基づく受動文としては非人称受身があり，世界の様々な言語に存在することが報告されているが，日本語の間接受動文は，それとは性質が異なると考えられている（Shibatani（1990），柴谷（2000）などを参照）.

165

害」ないし「迷惑」の意味が伴うのに対して，直接受動文にはそのような含意がない，というような定義が与えられる。[2] ただし，i) の派生関係に基づく定義と ii) の意味的な定義は，この2種類の受動文の区別に関してつねに同様に適用するかというと，必ずしもそうではない．例えば (3) の受動文は，i) の定義の下では，(4) に示すように対応する能動文が非文法的であるため間接受動文とみなされるが，一方の ii) の定義では，(3) の文は (1) と同様にとくに「被害」の意味をもつことはないため，間接受動文とは分類できないことになる。[3]

(3) a. 太郎が先生に成績をほめられた．
b. 太郎が花子に腹を殴られた．
(4) a. *先生が太郎 {を / に} 成績をほめた．
b. *花子が太郎 {を / に} 腹を殴った．

(3) のような受動文は，主語と目的語の間に (5) の「〜の〜」表現で示される一種の所有関係があることを特徴とするため，直接受動文および間接受動文とは独立に，所有受動文と分類されることもある (Kubo (1990)，Terada (1990) など参照).

(5) a. 先生が太郎の成績をほめた．
b. 花子が太郎の腹を殴った．

上記 (1) と (2) の受動文では，いわゆる旧主語（能動文において主語である要素）がニ格で標示されているが，日本語には旧主語がニヨッテで示される受動文もある．

(6) a. その町は日本軍によって破壊された．
b. 先生が学生によって批判された．

---

[2] (1b) の文は，殴られることにより太郎が物理的な被害を受けているとも解釈されるが，これは動詞「殴る」に起因する語彙的な被害性であり，一般的にこの種の文は「被害」「迷惑」受身とは考えられていない (Washio (1995) など参照).

[3] (4a, b) のような文は，受動文を扱うこれまでの研究において非文法的であるとされてきたが，本当に非文法的であるかは議論の余地がある．本章3節の議論を参照されたい.

この (6) のニヨッテはニで置き換えることもできるが，しかし，ニとニヨッテが常に交換可能なわけではない．間接受動文の旧主語は，ニヨッテで標示することができない場合がある．

(7) a. *太郎が雨によって降られた．
    b. *太郎が息子によって死なれた．　　　　　(Kuno (1973: 346))

逆に，ニヨッテが可能で，旧主語にニを使うと非文法的になってしまう受動文もある．次のような文である．

(8) a.　開会が議長 {*に/によって} 宣言された．
    b.　白いボールが王 {*に/によって} 高々と打ち上げられた．

　　　　　　　　　　　　　　　　　　　　　　　　(井上 (1976: 83))

　このように，ニ受動文とニヨッテ受動文もその文法的振る舞いが異なっている．直接受動文，間接受動文，所有受動文に加え，旧主語の標示によっても異なるタイプの受動文が形成されると考えられるため，日本語には多様な受動文が混在するという状況が生まれている．それをどう分類し，また，それぞれの受動文の文法的特性をどのように捉えるかは，たいへん難しい問題である．生成文法の枠組みでは，長谷川 (1964) と Kuroda (1965b) の先駆的研究を出発点として，それぞれの受動文にどのような統語構造を与えるべきかについて，とくに 1970 年代から 90 年代にかけて議論が盛んに行われた．その中で論争の中心となったのは，直接受動文と間接受動文が同一の基底構造をもつと考えるべきか，異なる基底構造をもつと仮定すべきかで対立した，いわゆる同一構造説（長谷川 (1964)，Kuroda (1965b)，Howard and Niyekawa-Howard (1976) などが提唱）と非同一構造説（McCawley (1972)，Kuno (1973) などが提唱）の間の論戦であった．また，この両仮説に所有受動文およびニ受動文／ニヨッテ受動文の分析をどう組み込むことができるかも議論された．

　生成文法の枠組みで日本語受動文が議論され始めてから 60 年ほどが経過しようとしている．2000 年代に入っても日本語受動文に関する研究は盛んであるが，その傾向を見ると，統語構造に関する研究は数が少なくなり，意

味的な視点に立つ研究が中心になってきているようである．しかしながら，統語に関する研究がこのように少なくなっているのは，90年代までの統語構造に関する議論が収束し，上記の両仮説間の論争に決着がついたから，ということではないように思われる．そうではなく，決着しないまま，お互いに決定的な議論を提示できずにいるうちに時間が経ち，研究者の興味が統語構造の問題から離れてしまったということかと思われる．

　本章では，日本語受動文の統語構造について考察した先行研究を取り上げ，その主張をまとめた後に，依存格の考え方とKaga（2007）の意味役割モデルを利用した，新たな統語的分析を提示してみたい．

2.　同一構造説と非同一構造説

　上で述べたように，生成文法の枠組みにたつ日本語受動文の統語的分析は長谷川（1964）およびKuroda（1965b）に端を発する．彼らの分析によると，日本語受動文のうちニ受動文は，サセを伴う使役文などと同様に，主文と埋め込み文からなる複文構造をもつと考えられた．間接受動文と直接受動文の基底の構造は，（1a）と（2a）の文を例にとると，それぞれ以下のようになる．

(9) a.　太郎が [S 先生が　太郎を　ほめる]-られた
　　 b.　太郎が [S 雨が　降る]-られた

この構造に，埋め込み文の主語（旧主語）がニ格を受ける操作，（9a）では主文の主語と同一である埋め込み文の目的語が削除される操作などが適用することで，表面形の（1a）と（2a）が派生されることになる．この分析のポイントは，受身のラレは動詞に付随する形態素（助動詞）というのではなく，主文の動詞の働きをしているという点にある．主文の主語は，このラレによって選択される，言い換えれば，ラレによって意味役割を与えられる要素である．この分析の下では，（3）などの所有受動文に対しても同様の構造を仮定することができ，（3）の構造は（9a）の埋め込み文中に「太郎を」ではなく「成績を」が生じていると考えればよいことになる．直接受動文と間接

受動文に同一の構造を仮定するこの分析は，同一構造説（uniform theory）と呼ばれ，Howard and Niyekawa-Howard（1976），Kuroda（1979），久野（1983），Hasegawa（1988），Hoshi（1994, 1999）などの研究で支持されている．

　一方，McCawley（1972）と Kuno（1973）は非同一構造説（non-uniform theory）と呼ばれる分析を提案した．この分析では，間接受動文に対しては（9b）のように複文構造が仮定されるが，直接受動文は（10）のように単文の構造をもつと考えられた。[4]

　（10）　太郎$_i$ が 先生に　t_i　ほめ–られた

間接受動文と直接受動文が異なる構造をもつとするこの分析は，再帰代名詞「自分」が現れる文の解釈に対して適切な説明が与えられることが指摘された．すなわち，次の（a）と（b）の文では「自分」の解釈の可能性が異なるというものである（例文は，Kuno（1973）から）．

　（11）a.　メアリーはジョンに自分の家で殺された．
　　　 b.　ジョンはメアリーに自分の家で寝込まれた．

（11a）は他動詞「殺す」に基づく直接受動文であるが，この文では「自分」を束縛する先行詞はメアリーでしかあり得ない．一方，（11b）は自動詞「寝込む」を含む間接受動文であり，この場合は「自分」がジョンを指す読みに加え，旧主語のメアリーを指す読みもあり得る．この解釈の違いは，日本語の「自分」には主語指向性があるために生ずると説明される．（11a, b）の解釈の違いは，非同一構造説が仮定するように，直接受動文と間接受動文が以下のように異なる構造をもつと考えればうまく説明できる．

　（12）a.　メアリー$_i$は　ジョンに　自分の家で　t_i　殺す–られた
　　　 b.　ジョンは [$_S$ メアリーに　自分の家で　寝込む]–られた

---

[4] 1970 年代前半にはまだ痕跡理論（trace theory）が存在していなかったが，（10）では便宜的に痕跡を置いている．

(12a) の単文構造では主語はメアリーだけであるが，(12b) の複文構造では
ジョンとメアリーがそれぞれ主文と埋め込み文の主語となっている．再帰代
名詞「自分」の解釈に基づくこの議論は，非同一構造説を支持する有力な証
拠になると考えられた．非同一構造説は，Harada (1973)，Kubo (1990)，
Shibatani (1990)，Terada (1990)，石田 (2003) などの研究で支持されて
いる．

　「自分」の束縛に関する事実が非同一構造説を支持する議論になりうるこ
とをみたが，一方，同一構造説の強みは，直接受動文であれ，間接受動文で
あれ，ニ受動文であれば，その主語が主文動詞ラレによって選択される構造
をもっていることである．同一構造説を提唱する Kuroda (1979) は，井上
(1976) の観察を参考にして，ニ受動文の主語は常に受影者 (affectee) の役
割をもつと主張した．[5] これは，ニ受動文の主語が動詞ラレによって選択さ
れ，一定の意味役割を与えられるからであると考えられる．これに対して，
ニヨッテ受動文は単文構造をもち，英語の受動文などと同様に，その主語の
位置は意味役割を抑制 (suppress) されており，動詞から意味役割が与えら
れないその位置に多様な意味役割の目的語が移動してくると仮定されるた
め，受影者でなければならないなどの制限は観察されない．この違いが，主
語が受影者とはみなせない受動文では旧主語にニをとることができず，ニ
ヨッテが必要とされる所以である．上掲の (8) や次の各文を見られたい．[6]

(13) a. フェルマーの定理がジョン {*に/によって} 証明された．
　　 b. 詳しい調査が政府派遣の職員 {*に/によって} 行われた．
(14) a. あの町は日本軍 {*に/によって} 建設された．
　　 b. このころ，源氏物語が紫式部 {*に/によって} 書かれた．

---

　[5] 井上 (1976) は次のように述べている．「「に」には受動文の主語に対する「動作主の働
きかけ」の意味がある．「によって」との違いは，この意味で主語と動作主とが密接に関連
している場合でなければ，「に」が使えないことである．そこで受動文の主語がその働きか
けを感じないもの，あるいはその働きかけによる直接の影響を受けないものである場合に
は，「に」を使うことができない．したがって，主語が無生物の場合に「に」を排すること
が多い．」なお，「受影」という用語は益岡 (1982) による．
　[6] 例文は，Kuroda (1979)，砂川 (1984)，益岡 (1982)，寺村 (1982)，Hoshi (1991)
からの引用である．

第 3 章　日本語受動文　　　　171

(15) a.　注意がジョン {*に/によって} 払われた.

　　b.　けちがジョン {*に/によって} 付けられた.

「定理」や「調査」などは，「証明する」や「行う」などの行為によってその内
実を変容させられるようなことはなく，影響を受ける要素ではない.「あの
町」や「源氏物語」は，作成・生産動詞の「建設する」や「書く」の項となる
場合，その行為の結果として出現するものなので，その行為の影響を受ける
成分ではない. また，「注意を払う」や「けちを付ける」というイディオム表
現の一部をなす「注意」や「けち」は，当然ながら影響をこうむる要素では
あり得ない. このように影響を受けない要素を主語とするニ受動文が許され
ないのは，ニ受動文のラレが主語を選択し，主語につねに「受影者」なりの
意味役割を与えるためであると考えれば，自然な説明となる. したがって，
この事実は同一構造説を支持する論拠になると考えられた.

　ここまで，同一構造説と非同一構造説のそれぞれの考え方とその論拠とな
る現象を 1 つずつ観察した. それでは，それぞれの説の論拠になると考え
られた現象は，他方の説ではどのように扱われうるかをみてみよう. まず，
非同一構造説において自然な説明が与えられる再帰代名詞「自分」に関わる
事実を，同一構造説ではどのように扱えられるであろうか. (11a) の文で
「自分」はメアリーしか指すことができないが，(11b) ではジョンおよびメ
アリーを指すことができる. 2 つの文に以下のような同一の構造を付与する
同一構造説の下では，この事実がどのように説明されるかという問題である.

(16) a.　メアリーは [s ジョンに　メアリー　自分の家で　殺す]-られた

　　b.　ジョンは [s メアリーに　自分の家で　寝込む]-られた

旧主語が埋め込み文の主語の位置を占めているとすれば，(16a, b) とも
にメアリーとジョンの両方が「自分」の先行詞となってよいはずである
が，実際は両方が先行詞になれるのは (16b) だけである. この問題に対し
て同一構造説の下で解決策を与えようとした研究としては，Howard and
Niyekawa-Howard (1976) と Hoshi (1991, 1999) がある.

　Howard and Niyekawa-Howard (1976) は，Kuroda (1965b) の同一構造

説を強く支持し，上記の問題に対する解決策として「再帰代名詞同一指示制約」なる制約を提案している．しかし，この解決策にはすでに久野 (1983) や Shibatani (1990) において経験的に問題があることが論証されているので，ここでは Hoshi (1991, 1999) にしぼって考察することとしたい．Hoshi (1991, 1999) は，同一構造説の下で，直接受動文は PRO の移動により派生されるという提案を行った．例えば (17a) の文は，(17b) の構造をもつという提案である．

(17) a. 先生が学生に批判された．

b. 先生が [$_s$ PRO$_i$ 学生に t_i 批判する]-られた

この構造では，PRO が埋め込み文の目的語として生起し，それが埋め込み文の主語の位置に移動している．[7] この移動した PRO が主文主語の「先生」にコントロールされるため，(17a) の文が「先生が批判された」という意味になるという説明である．この構造を仮定すると，移動した PRO は埋め込み文の主語の位置を占めるので，旧主語の「学生に」は主語のステータスをもつことがない．そのため，直接受動文のニ句要素は「自分」の先行詞となる資格を有しないことになる．一方，間接受動文の場合は PRO の移動がかかわらないので，旧主語のニ句が埋め込み文の主語の位置を占めることが可能であり，「自分」の先行詞になることができる．このような形で，Hoshi (1991, 1999) の提案の下では，直接受動文と間接受動文において「自分」の束縛の可能性が異なるという事実を捉えることができる．

　Hoshi (1991, 1999) の提案は，同一構造説に基づいているが，しかしながら，直接受動文を移動により派生させるという点では，非同一構造説の知見を一部取り入れているという見方もできる．換言すれば，同一構造説のよい点と非同一構造説のよい点を組み合わせた，いわば優れた折衷案になっていると言ってもよいかもしれない．したがって，同一構造説が強みとする，

---

　[7] この PRO の移動は A 移動とされ，移動の結果できる空範疇は格 (Case) をもたない名詞句痕跡 (NP trace) となる．Hoshi は，Saito (1982) の使役文を用いた議論を受け容れ，直接受動文でできる空所は対格をもっていてはならないと考えている．詳しくは，Saito (1982)，Hoshi (1999) を参照されたい．

第3章　日本語受動文　　　　173

直接受動文であれ，間接受動文であれ，ニ受動文の主語が「受影者」的役割
をもつ要素に限定されるという事実と，「自分」の先行詞に関しては直接受
動文と間接受動文で異なる振る舞いが観察されるという事実を，Hoshi
(1991, 1999) では同時に説明することが可能になっている．この点で
Hoshi (1991, 1999) は，日本語受動文の先行研究の中でも，優れた分析で
あると評価することができると思われる．しかし，彼の分析に問題はないの
であろうか．

　Hoshi (1991, 1999) の提案は，PRO を目的語の位置に生起させ，それを
主語の位置に移動させるという理論的にやや複雑な操作を含むため，その妥
当性を理論的な面から検証するには様々な準備的議論が必要となり，ここで
それをしっかり行うことは困難である．しかし，少なくとも次の一点につい
ては経験的な問題が生ずるのではないかと思われる．Hoshi は同一構造説の
下で直接受動文の PRO 移動分析を提案しているが，同一構造説の下での関
連する別個の提案として，Kitagawa and Kuroda (1992) の pro による分析
がある．pro は PRO と異なり統率（govern）されることを許し，目的語の
位置に生起することができるので，直接受動文が (18) のような構造をもつ
というのが Kitagawa and Kuroda の提案である．

　(18)　先生ᵢが [s 学生に proᵢ 批判する]-られた

Hoshi (1999) は，(18) の pro による分析を排し，自らの PRO 移動分析を
擁護するために，次のような例を考察した．

　(19) a.　ジョンᵢがビルに彼ᵢを信用させた．
　　　 b. *ジョンᵢがビルに彼ᵢを信用された．

ヲ格で生起している代名詞「彼」は，(19a) の使役文では主文の主語と同一
指示になれるのに対して，(19b) の受動文では無理である．(19b) が非文法
的であることから，代名詞的空範疇が目的語の位置を占める (18) のような
構造は受動文には仮定できないと Hoshi は主張したのである．[8]

---

　[8] (19a) と (19b) の文法性の違いについて，Hoshi (1994) は使役文と受動文に対して異

しかしながら，次のような受動文はどうであろうか．

(20) a.　太郎$_i$は先生に（先輩ではなく）彼$_i$を推薦されてしまった．

b.　太郎$_i$は先生に（多くの同級生の中から）彼$_i$を指名されてし
まった．

これらの文では，括弧内に示したコンテクストを与えることで，また文末に
「しまう」を付加することで，主語の太郎が推薦されたことや指名されたこ
とを被害・迷惑と感じているという解釈を得やすくしている．そして，この
被害・迷惑の解釈の下では，「彼」が「太郎」と同一指示になることが許され
ると思われる．[9] この判断が正しいとすると，同一指示が許される (20a, b)
と許されない (19b) の違いはどこに求められるであろうか．両者の違いが
被害・迷惑の意味を伴うか否かにあることを踏まえると，(20a, b) は間接
受動文であるのに対して，(19b) は直接受動文であるという相違であると考
えられる．Hoshi は (19b) が非文法的である事実から，直接受動文が (18)
のような構造をもたないことを主張しようとしているが，直接受動文と間接
受動文に同一の複文構造を仮定する彼の枠組みでは，間接受動文 (20) も非
文法的になることが予測されるはずである．しかしながら，実際には (20)
は文法的である．したがって，Hoshi にとっての課題は，(19a) の使役文と
(19b) の受動文の文法性の違いを説明することに加えて，新たに受動文であ
る (19b) と (20a, b) の間の文法性の違いも説明しなければならないという
ことになるが，受動文に対して同一構造説をとる彼の枠組みでは，同時にそ
の2つを説明することは難しいように思われる．つまり，(19) および (20)
の「彼」を含むデータが示唆するのは，使役文と間接受動文は「彼」に関し
て同じ振る舞いを見せるのに対して，直接受動文はそれらとは異なる振る舞

なる埋め込み構造を仮定した上で，束縛条件 B に基づく説明を与えようとしているが，
Hoshi (1999) ではこの問題は解決すべき残された課題とされている．

　[9] (20a, b) の文は，「彼」を「自分」に換えた文に比べて，多少文法性が落ちるように感
じられるが，(19a) の使役文が文法的であるのと同程度には文法的であると判断される．
また，(19b) の受動文はこのままでは被害・迷惑の意味が感じられないが，あえて被害・
迷惑の意味を（無理にでも）読み込むと，「彼」が主語「太郎」と同一指示になる読みが許さ
れるように思われる．

いをするという一般化であり，同一構造説の下では極めて扱いにくいデータになると思われる．そうであるとすると，Hoshi の複文構造を仮定した上での受動文の PRO 移動分析も再検討が求められるのではないかと考えられる．

　日本語ニ受動文では，(8) および (13)–(15) の例で確認したように，その主語が影響を受ける主体でなくてはならないが，同一構造説ではこの事実を，ニ受動文の受動動詞ラレが主文主語を項として選択し，その要素に「受影者」なりの意味役割を付与するために，主語が影響を受ける主体だけに制限されると説明する．一方，非同一構造説の下では，この受影性に関する事実はどのように扱いうるであろうか．非同一構造説は，間接受動文が複文構造をもち，動詞ラレが主文主語を項として取るのに対して，ニ直接受動文はニヨッテ受動文と同様に，単文構造をもち，主語は目的語からの移動によって派生されると仮定する．したがって，非同一構造説では，直接受動文の主語が主語として一定の意味役割を割り振られるということはないため，(8) および (13)–(15) のようにニ受動文とニヨッテ受動文が異なる文法性をみせる例は，説明を与えることがたいへん難しくなる．実際に非同一構造説の下で，それらの例の文法性の違いを理論的に説明した研究はこれまでに存在しないように思われる．

　そうすると，この点に関しては，非同一構造説の方が同一構造説よりも劣っているということになるのであろうか．必ずしもそうとは言えないと，非同一構造説に立ついくつかの研究，例えば Shibatani (1990) などは主張する．非同一構造説では，確かにニ受動文とニヨッテ受動文の違いを理論的に捉えることは難しいが，むしろ非同一構造説の主要な主張は，直接受動文と間接受動文の間の相違こそが重要であるという点にある．世界の言語の中で日本語をみたときに，日本語の間接受動文というのはかなり特異的である．その特異性を Shibatani は次のように説明する．動詞がとる項の数を結合価 (valence) と呼ぶとすると，世界の言語の受動文は通例（英語，ドイツ語，ラテン語，韓国語，中国語など），能動文よりも結合価を 1 つ減らすことになる．日本語においては，直接受動文はその通例のパターンに従って，結合価を 1 つ減らすが，間接受動文に関しては，「子供が泣いた」から「花子は子供に泣かれた」や，「太郎がドラムを練習した」から「花子は太郎にド

ラムを練習された」が派生されることをみると，結合価が増えている．日本語の間接受動文はこの点において，他言語の受動文や日本語の直接受動文と決定的に異なっており，間接受動文を導くラレは結合価を増加させる特異的な性質をもつオペレータであると Shibatani (1990) は強調する．そして，この間接受動文の特異性を捉えることができるのは，非同一構造説であり，同一構造説ではないと述べる．

　この観点から同一構造説をもう一度見直してみると，直接受動文も間接受動文もニ受動文であれば，一様に主語に受影性が観察されるとする同一構造説であるが，その主張自体に問題が内在していることに気が付く．つまり，直接受動文と間接受動文の主語の「受影性」を同一のものとして捉えることはよいのであろうか．直接受動文では，(8) および (13)-(15) などの例にみるように，本来的に影響を受けない類の要素は主語に立てないという意味で，確かに「受影性」が条件になっている．一方，間接受動文では，主語は被害・迷惑を受ける主体である．直接受動文の主語は，影響を受ける主体ではあるが，次の最小対立と思われる例が示すように，主語にとって不都合なことでも，好ましいことでもどちらでも構わない．

(21) a.　ジョンが数学の先生に叱られた．
　　 b.　ジョンが数学の先生にほめられた．

(Kubo (1990: 63))

これに対して，間接受動文では動詞があらわす出来事が不都合なことでも，逆に好ましいことでも，主語が受けるのはつねに被害・迷惑のマイナスの影響である．

(22) a.　太郎が数学の先生に次郎を叱られた．
　　 b.　太郎が数学の先生に次郎をほめられた．
　　 c.　太郎が花子に泣かれた．
　　 d.　太郎が花子に幸せになられた．

(Kubo (1990: 64))

　このように見ると，直接受動文における「影響」と間接受動文における

第3章 日本語受動文 177

「影響」は同一視はできないと考えられる．非同一構造説では，間接受動文
は複文構造に基づくので，その主語は動詞ラレから「被害者」なりの意味役
割を付与されると考えれば，間接受動文の主語に関する制限は説明できる．
直接受動文は単文構造の移動により派生されるので，直接受動文の主語の意
味的制限はなんらかの別の手段による説明が必要である．一方の同一構造説
では，間接受動文も直接受動文もともに複文構造に基づいて派生されるの
で，動詞ラレによって主語に一定の意味役割を与えることが可能であるが，
しかし，間接受動文と直接受動文では，(21) および (22) でみたように，
与えるべき役割が異なるとすれば，それぞれのラレは別個の意味役割を付与
すると考えなければならない．すなわち，間接受動文に現れる動詞ラレは
「被害者」なりの役割を与え，直接受動文の動詞ラレは好悪のバイアスのな
い一般的な「受影者」の役割を与える等のことを考える必要がある．そうで
あるとすると，非同一構造説で動詞と接辞の2種類のラレを仮定するのと
同様に，同一構造説においても2種類の動詞ラレを仮定せざるをえず，こ
の点においては，非同一構造説と同一構造説のどちらが有利ということは決
められないことになる．

　以上，同一構造説と非同一構造説をめぐって，それぞれの説の論拠となる
ような現象についてみてきたが，どちらの説にも問題が残されており，結果
として，どちらかの説が優れているというような判定は下しにくいという状
況である．本章1節で述べたように，このような状況の中で2000年代に入
ると，日本語受動文の研究は統語構造に基づく議論が少なくなり，意味論
的・機能論的な議論が増えるという傾向を呈してきたように思われる．本章
では，もう一度統語構造的観点に立ち返り，直接受動文と間接受動文の構造
に着目した考察を行ってみたい．

　本節の議論を終える前に，日本語受動文の統語的な議論において見過ごさ
れる傾向にあった事例について，簡単に確認しておきたい．まず1つは，
益岡 (1991) による日本語受動文の3つのタイプ分け「受影受動文」「降格
受動文」「属性叙述受動文」の中の最後のタイプに含まれる，次のような事
例である．

178 第 II 部 依存格と日本語の節構造

(23) a. 花子の家は高層ビルに囲まれている.

b. この商品は多くの人に親しまれている.

c. この雑誌は，10代の若者によく読まれている.

これらの文は，益岡の叙述の類型によると（出来事を描く事象叙述文ではなく）所与の対象の属性を記述する属性叙述文であり，(23) の例はそれぞれ，「花子の家」「この商品」「この雑誌」についてその属性が述べられた文となっており，「受影」受動文とは異なるとされる．確かに，これらの受動文の主語は，叙述されている出来事や状況から物理的ないし心理的影響を受けているとは考えることができない．しかし，これらの属性叙述受動文もニ受動文であることは間違いなく，例えば Kuroda (1979) が「ニ受動文では主語がつねに受影者 (affectee) の役割をもつ」という一般化を述べる際に，本当はこれらの受動文も含めて議論しなければならないはずであるが，実際は「受影受動文」だけが念頭に置かれ，「属性叙述受動文」は議論から抜け落ちていたと言わざるをえない.[10]

さらに，栗原 (2005) では，従来の「属性叙述受動文」ともタイプの異なる非情物主語ニ受動文として，次のような例が指摘されている.

(24) a. ポリフェノールは，お茶に含有されています.

b. 遺伝子組み換え大豆が，この豆腐に使用されています.

c. 第11代海老蔵が市川新之助に襲名されました.

d. 20hz から 20khz までの音が，人間に知覚されます.

---

[10] 先行研究には，「属性叙述受動文」も一種の「受影受動文」であるとみなす考え方も存在する．天野 (2001) は，「潜在的受影者」という考え方を採用することによって，属性記述受動文も「受影性」をもつとの見解を示している．潜在的受影者とは，益岡 (1991) に端を発する考え方で，非情物主語の受動文において主語としては現れていないものの，当該の状況から何らかの影響を受ける有情者のことである．例えば (23a) では，花子が高層ビルに囲まれた家で暮らすことで精神的な圧迫感を感じるという事態が考えられ，また (23b) では，商品が多くの人に親しまれることで，商品がよく売れ，商品の販売者に儲けが出るという事態が考えられるが，このような場合に，主語の非情物に関連して想定される有情者「花子」や「商品の販売者」が潜在的受影者である．しかし，この考え方には，和栗 (2005) による経験的な事例に基づく反論がある．また，本章の後の議論において，(23) のような受動文は意味役割の観点から「受影受動文」ではないことが明らかとなる.

第 3 章　日本語受動文　　179

これらの例が属性叙述受動文でないかどうかは，判断が難しい面もあると思われるが，(24b) の文が「遺伝子組み換え大豆」一般についてその属性を述べた文ではないこと，(24c) の文が「第 11 代海老蔵」の属性についての記述になっていないことは確かであると思われる．栗原 (2005) は，これらの受動文はニ格項が「場」を表しているところに特徴があると分析し，ガ格項をそのニ格項が表す「場」に位置付ける機能をもつ文として「定位のための受身表現」と呼ぶことを提案している．(24) の各文は，その主語が述部が記述する事態から何らかの影響を受けているとは考えられないため，「非受影的」ニ受動文であると分析せざるをえない．そうであるとすると，やはり Kuroda (1979) による上述の一般化ではカバーできないニ受動文の事例ということになる．このように，益岡の「属性叙述受動文」や栗原の「定位のための受身」は，ニ受動文でありながら「非受影的」である．このような事例についても，構造的な観点から分析できるのであれば，分析を示したいところである．属性叙述受動文や定位のための受身表現は，受影的なニ受動文とどこが違っているのであろうか．後の議論を先取りして，ポイントだけを簡単に述べるとすると，本論で採用している Kaga (2007) の意味役割モデルの下では，非受影的なニ受動文は，〜ニで表される旧主語要素が《場所》の役割をもっているのに対して，受影的なニ受動文では旧主語が《動作主》要素であるという違いに帰すことができる．具体的な分析は本章 5 節で示すことにする．

3.　日本語受動文の構造：提案

　われわれの日本語受動文の分析は，受動のラレは「自動詞化」の機能をもつ動詞主要部であると仮定するとともに，格付与については依存格の考え方に基づいたものとなる．第 2 章の使役文の分析において，「他動詞化」の機能をもつ使役のサセは，新たな主語（使役主）を導入するという変化をもたらすことをみた．「自動詞化」のラレはどのような変化をもたらすのであろうか．自動詞化の場合には，他動詞化とは逆に，元になる構造に対して何らかの働きかけを行って，「元の主語のステータス」を奪うことが想定される

が，その奪い方には複数の可能性が考えられるように思われる．

まず考えられるのは，最上位の項としての主語がその占めている位置から消される場合である．動詞接辞ラレは，受動用法の他に，自発用法および可能用法をもつことが知られている．[11] 例えば (25)-(26) の (b) 文である．

(25) a. 私ガ　昔（のこと）ヲ　思い出す．
　　 b. （私ニは）昔（のこと）ガ　思い出される．
(26) a. 太郎ガ　納豆ヲ　食べる．
　　 b. （太郎ニ）納豆ガ　食べられる．

本章の分析の枠組みでは，(a) の他動詞文と (b) の自発文・可能文は，構造で示すと次のような関係をもつものとして捉えることができる．

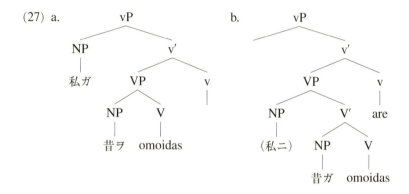

---

[11] ラレの各用法（自発，可能，受身，尊敬）とその歴史的推移については，柴谷 (2000)，川村 (2012) などを参照．なお，ラレの尊敬用法については，本章ではほとんど触れる余裕がない．

(28)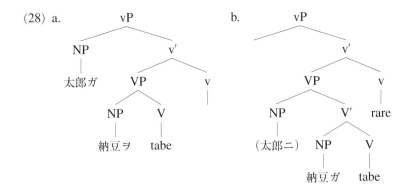

　(27a) と (28a) の他動詞文では，主語が《動作主》の位置を占めているが，(27b) と (28b) では，ラレが v の位置を占めることにより，《動作主》要素が消されている．これが「自動詞化」の変化の 1 つの事例である．(27b) および (28b) の構造では，元々の目的語の「昔」ないし「納豆」が（指示性をもつ）最上位の項としてガ格を得る．もし「私に」および「太郎に」が文に生起する場合は，それらは〈経験者〉あるいは〈所有者〉として「内在格」のニを受ける要素であるため，依存格の付与にはかかわらない．依存格の付与に先立って，ニが与えられるため，結果として「～ニ～ガ」の格パターンが生まれると考えられる（格付与については，第 1 章 (5) ないし第 2 章 (26) の格付与規則を参照）．(27b) と (28b) の構造で，「私」と「太郎」という《場所》において，「昔を思い出す」という事態と「納豆を食べる」という事態がそれぞれ成立するという形式になっており，これが自発ないし可能の解釈につながっていくと考えられる．

　自動詞化の 1 つのパターンとして，最上位の項としての主語がその位置から消去される場合をみたが，もう 1 つの可能性として，主語以外の要素を最上位の項として取り立てることで，元の主語の「主語性」を奪うということも考えられる．これが，受動化に相当する構造であると思われる．本論では，例えば (29b) の受動文には，まず (30b) の構造が付与されることを提案したい．それぞれ能動文とのペアで示すことにする．

(29) a. 先生ガ　太郎ヲ　ほめた．
　　 b. 太郎ガ　先生ニ　ほめられた (home–rare–ta)．

(30)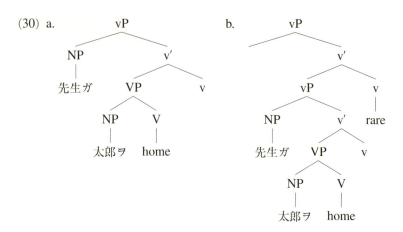

　(30b) では，v 主要部としてのラレが能動文に相当する vP を補部にとり，指定辞の位置は空いたままである．その指定辞は，項位置ではあるが，意味役割は与えられない位置であると仮定する．つまり，この場合のラレは，指定辞に意味役割を与えることのない，いわば非対格述語としての特性をもつと考えられる．[12]

　ここで，(30b) の最上位にある空いている項の位置に「太郎」が繰り上がると仮定してみよう．すなわち，(31) に示されるような移動が起こると想定してみる．

---

[12] Chomsky (2001, 2008) は，v 主要部を 2 種類に分け，「動作主」を導入し，他動詞および非能格動詞を従えるものを v* と表記し，「動作主」を導入せず，非対格動詞を従えるものを v と表記することを提案した．本論では，v と v* の区別は行わず，単に v と表記するが，ラレは Chomsky の言う v に相当する要素である．

(31)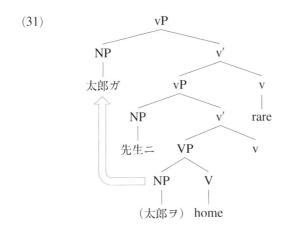

　能動文での目的語の「太郎」が（31）では最上位の項の位置に取り立てられている．この場合の移動操作は，ミニマリストで言うところの「内部併合」（internal merge）であり，元の位置にはコピーが作成されることになる．格付与について確認をすると，まず（31）の最上位の要素である「太郎」にガ格が与えられる．次に，最下位の項である「太郎」（コピー）にヲ格が付与される．ただし，この項は音声化されないために，ヲ格は形態的には具現しない．最後に，残された項である「先生」に非該当条件的規則によってニ格が与えられる．以上のような手順によって出来上がった構造が，(29b) の直接受動文であると考えられる．すなわち，「ほめる」行為を行う「先生」がニ格をにない，「ほめる」対象となる「太郎」がガ格をになう，(29b) の受動文となっている．

　われわれのこの分析では，使役文の分析に必要とされた道具立て，すなわち Kaga (2007) による意味役割の階層構造および Baker (2015) から引き継いだ依存格の考え方，それに加えて，サセやラレが「他動詞化」と「自動詞化」の機能をもつ主要部であるとする仮定によって，受動文も説明できていることに注意したい．また，われわれの分析では，少なくとも自発・可能・受身の用法のラレがもつ共通性を，統語的な観点から「自動詞化」とし

て捉えることができる.[13]

　さて，間接受動文については，どのような分析が考えられるのであろうか．第2章の使役文の分析で，ニ使役文の派生にはゼロの行為動詞 Ø(su) がかかわると仮定したが，この仮定を受動文にも適用すると，次のような分析の可能性が浮かび上がってくる．能動文と受動文のペアの形で示すと，以下のようになる．

(32)　a.　赤ん坊ガ　太郎ニ　泣く（＝[泣く]ことをする）．
　　　b.　太郎ガ　赤ん坊ニ　泣かれる．

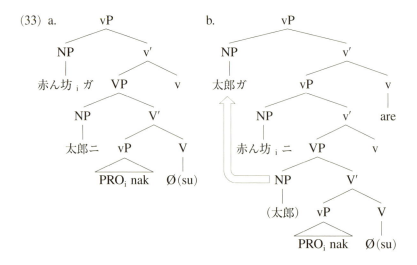

普通，(32a) の「赤ん坊が太郎に泣く」のような文は，非文法的とされるが，日本語には「する」に対応する音形をもたない行為動詞が存在するというわれわれの仮定の下では，「赤ん坊が太郎に（対して）泣く（という）ことをする」という解釈を行うことで，(32a) は (33a) の構造をもつ文として文法的であると想定できる．この構造に，ラレが加わると，(33b) の構造が生み出される．すなわち，「自動詞化」の機能をもつラレにより，非対格の構造

---

　[13] 本論では，尊敬用法のラレについては触れる余裕がないが，(30b) の構造において移動が生じない場合，あるいは，「先生」が移動により最上位の項の位置に繰り上がる場合に，尊敬の解釈が生まれるのではないかという可能性についてだけ指摘しておきたい．

第 3 章　日本語受動文　　　185

が導入され，能動文で目的語である「太郎」が最上位の項の位置に移動する．
この結果，(33b) の構造をもつ (32b) の受動文が派生されると考えられる．
つまり，「太郎が赤ん坊に泣くことをされる」旨の文なのである．

　格付与について確認してみよう．(33b) の構造において，最上位に移動し
た「太郎」が，まずガ格を与えられる．次に，最下位の項である構成素 [PRO
nak] がヲ格を与えられる．ただし，形態的に名詞句ではないのでヲ格を具
現することはない．最後に，旧主語の「赤ん坊」が非該当条件的規則により
ニ格を付与される．格付与については，間接受動文も直接受動文と同一の手
順に拠ることが分かる．さらに，ここでの間接受動文の説明は，(i) 間接受
動文にも対応する能動文が想定される，(ii) 間接受動文にも名詞句の「移動」
がかかわる，という点においても直接受動文と変わるところがない．われわ
れの説明における直接受動文と間接受動文の相違は，間接受動文の場合には
《存在者》の位置に，節相当の内容をもつ vP が生起するという点である．
これが可能になるのは，ゼロの行為動詞を仮定しているためであるが，この
仮定はニ使役文の説明でも重要な役割を果たしたことから分かるように，間
接受動文の説明のためだけに用意された道具立てではない．ゼロ行為動詞の
仮定は，日本語のその他の関連する構文，例えば「～してあげる」文や「～
してもらう」文などでも役割を果たすと考えられ，十分な動機付けが得られ
ると判断される．

　よく知られているように，日本語の間接受動文は「(雨が) 降る」や「死ぬ」
などの動詞でも可能である ((2a, b) の文を参照)．これらの動詞について
も，対応する能動文が想定できるのであろうか．結論からいえば，想定でき
ると思われる．(34a) および (35a) のような構造であるが，(34a) につい
ていえば，自然現象が作用主となり，被作用主になんらかの影響を与えるこ
とは十分に考えうることであり，このような文を仮定することに特段の不自
然さはないと思われる．また，「死ぬ」という動詞自体は行為を表すもので
はないが，(35a) で表されるように，「息子が [死ぬ] (という) ことをして，
親に不孝を働く」という状況は，現実に起こりうることである．

　(34) a.　雨ᵢ ガ　太郎ニ　[PROᵢ 降る] Ø (su)

b. 太郎$_i$ガ [雨$_j$ニ e$_i$ [PRO$_j$ 降る] Ø (su)] rare

(35) a. 息子$_i$ガ 太郎ニ [PRO$_i$ 死ぬ] Ø (su)

b. 太郎$_i$ガ [息子$_j$ニ e$_i$ [PRO$_j$ 死ぬ] Ø (su)] rare

それぞれ (34a) と (35a) に対応する受動文として,「太郎」が最上位の項の位置に繰り上がることにより,「太郎が雨に降られた」「太郎が息子に死なれた」などの間接受動文が成立すると考えられる.

次に,所有受動文についてみてみよう.所有受動文とは,「太郎が花子に腹を蹴られた」などの文であるが,本論の枠組みでは次のように分析できると思われる.この受動文に対応すると想定される能動文は,(37a) の構造をもつ (36) の文である.

(36) ??花子ガ 太郎ヲ 腹ヲ 蹴った

(37) a.

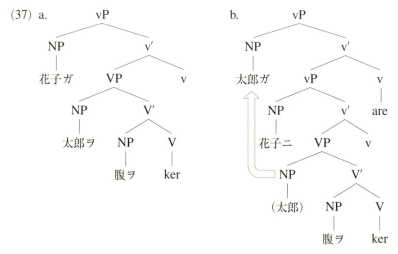

(36) の文はヲ格が連続して生起しているために容認性が落ちるが,これは表面的なヲ格の連続を禁止する「二重ヲ格制約」により生ずる文法性の低下である.その証拠に,「花子が太郎を蹴ったのは,腹をだ」などの分裂文にすると,文法性は回復する.この場合の「太郎」のヲ格は,内在格であると考えられる.仮に〈被動者〉のヲ格と呼ぶことにすると,このヲ格は内在格として依存格付与に先立って与えられるため,依存格として付与される「腹」

のヲ格と共存できるのである.[14] (37a) の能動文に対応する受動文が (37b) である．ここでは，v 主要部としてラレが加わり，「太郎」の繰り上げが生じている．格付与については，最上位の項にガ格，最下位の項にヲ格，残された項にニ格が与えられるので，ヲ格要素を伴う所有受動文が生ずることになる．なお，間接受動文は，ゼロ動詞を含み，《存在者》の位置に節相当のvP を埋め込んでいる「複節」の構造をもつと仮定したが，これに対して所有受動文は，(37b) のように，直接受動文と共通の「単節」の構造を有していることがわかる．Kubo (1990) などが主張しているように，所有受動文は直接受動文（の一種）であると見なされるのである．

　上記の所有受動文では，「太郎」と「腹」の間に一種の所有関係（身体部位の関係）が成立しており，それらの要素は階層構造において《場所》と《存在者》にそれぞれ位置付けられている．確かに，「腹」は「太郎」という場所に存在しているものなのである．所有受動文では，《場所》と《存在者》の位置に生起する要素が所有関係になければならないが，逆に所有関係さえあれば，所有受動文が成立するかというと，そういうわけではない．例えば，(38a, b) の文は所有受動文として解釈される．ここには「太郎」と「成績」，「太郎」と「息子」の間に「所有」の関係がある．

(38) a.　太郎は　先生ニ　成績ヲ　ほめられた.
　　 b.　太郎は　先生ニ　息子ヲ　ほめられた.

これに対して，(39a, b) の文は所有受動文としてではなく，被害の意味を伴う間接受動文の解釈をうける.

(39) a.　太郎は　先生ニ　成績ヲ　公表された.
　　 b.　太郎は　花子ニ　息子ヲ　蹴られた.

(39) でも「太郎」と「成績」，「太郎」と「息子」の間に「所有」の同じ関係

---

[14] 本論で採用している意味役割の枠組みの下では，内在格は〈所有者，経験者〉に対するニや〈経路，起点〉のヲに加え，ここで仮定した〈被動者〉のヲなど，いずれも《場所》の要素に与えられるという一般化が成り立つ．なぜこのような一般化が可能になるのかは，興味深い設問となるが，詳しくは機会を改めて考察してみたい.

があるはずであるが，解釈が異なるのはどうしてなのであろうか．この問題
は，次のように考えることができる．(38) の文の動詞は「ほめる」であり，
「太郎の成績」をほめることは，「太郎」をほめることでもある．また，「太
郎の息子」をほめることも，親の「太郎」をほめることにつながる．遡って，
(37b) の文を確認してみると，「太郎の腹」を蹴ることは，「太郎」を蹴るこ
とでもある．これに対して，(39) では「太郎の成績」を公表することは，
「太郎」を公表することではないし，「太郎の息子」を蹴ることは「太郎」を
蹴ることとは違うことである．このようにみてくると，所有受動文が成立す
るためには，《場所》要素と《存在者》要素の間に単に所有関係があるだけで
は不十分であり，動詞との一定の関係が必要であることが分かる．次のよう
な条件として述べることが可能である．

 (40) 所有関係にある 2 つの要素が《場所》と《存在者》の位置に別個に
    生起できるのは，その両者が共に動詞の行為の対象になっている
    場合である．

繰り返しになるが，「太郎の腹」を蹴ることは「太郎」を蹴ることになるが，
「太郎の息子」を蹴ることは「太郎」を蹴ることにならないという違いであ
る．ただし，「ほめる」場合には，「息子」をほめることが親の評価にもつな
がるのである．

 このような観点が得られると，杉本 (2000) で指摘された次のような受動
文の間の解釈の違いも，自然な説明が可能となる．杉本は，これらの文にお
いてヲ格要素が同じ「絵」や「論文」であるのに，(b) の文だけが被害の解
釈になるとの観察を与えている．

 (41) a. 太郎は美術商に絵を高く評価されている．
   b. 太郎は花子に絵をオークションに出品された．
 (42) a. 太郎は編集の田中さんに論文を賞賛された．
   b. 太郎は編集の田中さんに論文を掲載された．

(a) 文と (b) 文の解釈が異なるのは，「絵」や「論文」を評価や賞賛するこ
とは，その作者や著者の評価や賞賛につながるが，出品や掲載は作品に限っ

第3章　日本語受動文　　189

て成立することだからである．なお，(40) の条件を満たさないと，なぜ被
害の解釈になってしまうかというと，所有関係にある 2 つの要素が共に動
詞の行為の対象になっていない場合は，単節の構造に収まらないため，
(39b) の例で示すと，(43) のような間接受動文の構造しかもつことができ
ず，あるいは言い方を換えれば，(43) のような構造はもつことができるた
め，間接受動文として被害の解釈を伴うことになるのである．

(43)　太郎 $_i$ ガ [花子 $_j$ ニ e $_i$ [PRO $_j$ 息子ヲ 蹴る] Ø (su)] rare

4.　間接受動文の構造と被害解釈

間接受動文は，音形のないゼロ行為動詞を含み，《存在者》の位置に vP
を埋め込んでいる複節の構造を有すると提案した．この構造が与えられる
と，再帰代名詞「自分」に関するよく知られた事実について，正しい説明を
与えることが可能になる．本章 2 節で確認したように，直接受動文では主
語だけが「自分」の先行詞になれるのに対して，間接受動文では主語に加え
て，旧主語の〜ニ要素も先行詞になることができるという違いがある．例え
ば，次のような文においてその違いが観察される．

(44) a.　太郎 $_i$ が 花子 $_j$ に 自分 $_{i/*j}$ の部屋で ほめられた．
　　 b.　太郎 $_i$ が 花子 $_j$ に 自分 $_{i/j}$ の部屋で 泣かれた．

日本語の「自分」に主語指向性があることを踏まえると，(44a) の単節の直
接受動文では，主語の「太郎」だけが先行詞になる権利をもつ．一方 (44b)
の複節の間接受動文は (45) のような構造をもつために，主語の「太郎」に
加えて，埋め込み節の主語の PRO，すなわち「花子」にも先行詞となる権
利が生まれるのである．

(45)　太郎 $_i$ ガ [花子 $_j$ ニ e $_i$ [PRO $_j$ 自分の部屋で 泣く] Ø (su)] rare

われわれの分析は，直接受動文と間接受動文に平行的な構造と派生プロセス
を仮定するという点で，同一構造説寄りではあるが，一方で間接受動文には

《存在者》の位置に節要素を置く複節の構造を仮定するという点で、非同一構造説的な面も取り入れている。そのために、再帰代名詞「自分」に関する事実が説明できることになっている。

　ここで、日本語の間接受動文がなぜ「被害・迷惑」の意味をもつのかについて考えてみたい。われわれは、例えば「太郎が花子に泣かれた」という間接受動文であれば、(45) のような構造を有すると分析するが、なぜこのような構造をもつと被害・迷惑の意味を伴うことになるのであろうか。これに対する答えは、対応する能動文を見ることで得られるように思われる。(46) が想定される能動文の構造であり、おおよそ (47a) のような解釈を受けると考えられる。

(46)　花子$_i$ ガ 太郎ニ　[PRO$_i$ 泣く] Ø (su)

(47) a.　花子が太郎に [泣く] (という) ことをする．

　　　b.　花子が太郎に [泣く] (という) ことをしてあげる．

　　　c.　花子が太郎のために [泣く] (という) ことをする．

(47a) を一般的な式型で表せば、「作用主が被作用主に V ということをする」ほどの内容であるが、この場合の「被作用主」の意味役割を考えると、それは〈受害者〉になると思われる。[15] 動詞の後に「～てあげる」を加えた (47b) の文や、被作用主に「～のため」という語彙を追加した (47c) では、「太郎」は好ましい影響を受ける〈受益者〉と解釈されるが、それに比べて、(47a) の「太郎」は「花子」から疎外された扱いを受けるという感覚がある。(47b) や (47c) では、「太郎」はヒトとしての扱いを受け、「太郎」の意志が曲がりなりにも尊重されているという状況が読み取れるが、(47a) の「太郎」はいわばモノ扱いされ、その意志は尊重されず、人格を認められていないかのような感覚がある。(47a) では、花子の泣くという行為は少なくとも太郎にとっては嬉しいことではなく、逆に、困ったこと、良からぬことという意味合いがでる。(47b, c) の「太郎」を〈受益者〉と呼ぶとすると、(47a) の

---

[15] 「受害者」という用語は、宮腰 (2014a) から借用したもので、「受益者」との対比が意図されている。詳しくは、宮腰 (2014a) および宮腰 (2014b) を参照されたい。

「太郎」は〈受害者〉と呼ぶのが適切であると考えられるのである．すなわち，(46) のような「作用主ᵢ ガ　被作用主ニ　[PROᵢ ... V] Ø (su)」という構造には，被作用主に被害・迷惑が及ぶという意味が内蔵されているのである．

　(46) のような構造において被作用主が〈受害者〉と特徴付けられるとすると，「太郎が花子に泣かれる」のような間接受動文は，その〈受害者〉が主語となる構文である．主語は，話し手の視点，すなわち，事態の記述者としての視点をもっとも置きやすい要素であるという意味で，文は主語寄りの視点からの記述になるのが一般的であると言われる．したがって，〈受害者〉が主語となる受動文は，「受害」の意味が増幅され，いわゆる被害・迷惑の受身文になるのであると考えられる．被害・迷惑の意味はこれまで受動文において観察されるものと一般的にみなされてきたが，ここでは，被害の意味の起源は対応する能動文の構造にすでに存在すると考えている．(47b) のように補助動詞「あげる」が付加されたり，(47c) のように独自の意味をもつ複合後置詞「ために」が導入されたりすれば，被作用主は〈受益者〉の解釈をもつことになるが，(46) の構造において被作用主は〈受害者〉であり，受動のラレは「自動詞化」の機能をもつ主要部で，新たな意味役割を導入するなどの働きはもたないために，能動文の〈受害者〉の役割が受動文でもそのまま引き継がれ，被害・迷惑の受身文になると考えられるのである．つまり，間接受動文の被害性の起源が実は能動文の構造にあると考えるわけであるが，この考え方に妥当性があるかどうかをみるために，(46) のような構造において被作用主が〈受害者〉であるという特徴付けが正しいかどうかを検証してみよう．

　(48a, b) の発話文を考えてみよう．子供を遊ばせるボランティアが来てくれた場面における母親の発話である．

(48) a.　ボランティアさん，今日はうちの子供に何をしてくれますか．
　　　 b. #ボランティアさん，今日はうちの子供に何をしますか．

「〜てくれる」という表現を含む (48a) は，母親の発話として適切な質問となるが，(48b) の「うちの子供に何をしますか」は，子供が暴行でも受けそ

うなニュアンスを伴ってしまう．(48b) の「子供」は〈受害者〉なり〈被害者〉なりの解釈をうけるのである．「(〜ガ) 〜ニ〜ヲする」という形式自体が，〜ニ句に「受害」や「被害」の意味を生じさせていると考えなければならない．

次に，(49a) の使役文に基づいて形成された (49b) と (49c) の 2 つの擬似分裂文を考えてみよう．(49a) の使役文は，第 2 章の議論でも確認したように，使役主「花子」の支配の仕方には多様性があり，強制的な命令による場合もあれば，「太郎」に裁量を認める許可の解釈の場合もあるということであった．

> (49) a. 花子は (息子の) 太郎に (大学に) 進学させた．
>
> b. 花子が太郎にさせたのは，進学することです．
>
> c. 花子が太郎にしたのは，進学させることです．

(49b, c) の違いは，(49b) では前提部に使役のサセが現れているのに対して，(49c) では焦点部にサセが現れるという点であるが，これらの文を観察すると，面白いことに，(49b) は強制と許容の解釈の多様性がそのまま保たれるのに対して，(49c) では強制の読みだけが可能で，許容の解釈はないことに気が付く．後者に許容の解釈がない理由は，「花子が太郎に〜した」という前提部において，「太郎」が〈受害者〉の解釈を受けてしまうからであると考えられる．すなわち，この構造に現れる被作用主は，人格が認められず，意志が尊重されないという意味で〈受害者〉とみなされ，花子の行為は太郎にとって意に沿わないものであるという含意が出てきてしまうのである．したがって，許容の解釈は得られないことになる．(48) および (49)の文に関する観察と議論が妥当なものであるとすると，(46) のような構造においてその被作用主要素が〈受害者〉と特徴付けられるとするわれわれの主張は，経験的な支持を得ると思われる．

5. ニ受動文とニヨッテ受動文

われわれは，日本語の受動文は，次のような過程を経て能動文に相当する

第3章　日本語受動文　　　193

構造から派生されると考えている．ⅰ）v 主要部にラレが導入される．ⅱ）非主語名詞句が上方移動する．ⅲ）格付与が行われる．例えば，3 項動詞「与える」を含む能動文と受動文は以下のような構造をもつ文となる．

(50) a.　先生ガ　太郎ニ　賞ヲ　与えた．
　　　b.　太郎ᵢ ガ　先生ニ　eᵢ　賞ヲ　与え　ラレ－た

受動文の格付与について再度確認しておくと，「太郎」が上方に移動することで「最上位の項」となるので，ガ格を受ける．一方，「賞」は「最下位の項」としてヲ格を振られる．そして，「先生」が非該当条件的にニ格を受ける．この派生を図式的に表すと，(51) のようになる（網掛け表示は，音声具現されない要素である）．

(51)
　　　《場所》ᵢ 《動作主》《場所》ᵢ 《存在者》 V ラレ

ここでは，《場所》要素が《動作主》要素を越えて移動することにより，受動文の主語となっている．この場合は，(50b) のような文法的な受動文を得ることができる．

　受動文の派生において，《場所》要素ではなく，《存在者》要素が主語に取り立てられた場合には，どのような状況が生まれるのであろうか．図式で表すと，(52) のようなパターンになる．

(52)
　　　《存在者》ᵢ 《動作主》《場所》《存在者》ᵢ V ラレ

(50a) の能動文を基に《存在者》要素の「賞」を移動させた受動文を作ってみると，(53) のようになるが，これは非文法的である．

(53) *賞ᵢ ガ　先生ニ　太郎ニ　eᵢ　与え　ラレ－た

なぜ非文法的になるかというと，それは格付与が適切に実行できないためである．(53) では，最上位の項となった「賞」がガ格を受け，最下位の項である「賞」のコピーがヲ格をもらう．そうすると，格として残っているのは，

非該当条件的に与えられるニ格だけとなるが，これを「先生」と「太郎」の両方に割り振ることはできないと考えられ，「先生」と「太郎」のどちらかは格をもらうことができないという事態が生ずるのである．したがって，(50a) のような能動文があったときに，その中の《場所》要素を主語に取り立てた場合には文法的な受動文が得られるのに対して，《存在者》要素を取り立てた場合は受動文が非文法的になってしまうという，不均衡な状況が生じる．

ただし，この不均衡な状況を解消する方法が日本語には用意されているようである．(54) のように，旧主語要素にニヨッテを用いるのである．

(54) 賞$_i$ガ 先生ニヨッテ 太郎ニ e$_i$ 与え ラレ−た

この文は，(50a) の能動文に対応する受動文として文法的である．ニヨッテは，動詞「よる」の連用形の音便の形「よっ」に接続助詞「て」が付いたもので，欧文直訳文体の影響によって近代になり生じた表現のようである（金水 (1991) など参照）．格標示成分ではなく，独自の語彙的意味を有しており，その意味によって《動作主》要素を認可できる力をもつと考えられる．そのために，(54) では「先生」にニヨッテが付いて《動作主》要素であることが確認できるので，非該当条件的なニを「太郎」に与えることが可能になり，その結果，この文が文法的になるのである．

本章1節で観察したように，旧主語にニを使うことができず，ニヨッテが必要とされる受動文が存在するが，それは《存在者》要素が主語に取り立てられた受動文である．いくつか具体例を挙げるとすると，(55)-(57) などである．(55) では〈移動体〉が，(56) では〈結果物〉が，(57) では〈存在体〉がそれぞれ主語に取り立てられている．これらの要素は，本論で仮定している意味役割モデルにおいて《存在者》とみなされ，そして，これらの文ではいずれも，ニでは非文法的で，ニヨッテが必要となる．なお，これらの例では，《場所》要素が表面に現れない場合も多いが，概念的には《存在者》要素が存在すれば，必然的にそれが占める「場所」は存在するはずで，潜在的な《場所》要素であっても格は必要であると考えられる．したがって，《動作主》要素にニ格を与えてしまうと，《場所》要素に格を与えることがで

第3章　日本語受動文　　195

きなくなってしまうため，これらの文は適格性を失うという結果になる．
（例文は，井上 (1976)，寺村 (1982)，杉本 (2000) から引用）．

(55) a.　試験問題が監督員 {*ニ／ニヨッテ} 受験生に配られた．
　　　b.　ボールが王 {*ニ／ニヨッテ} 高々と打ち上げられた．
(56) a.　あの町は日本軍 {*ニ／ニヨッテ} 建設された．
　　　b.　このころ，源氏物語が紫式部 {*ニ／ニヨッテ} 書かれた．
(57) a.　その無人島は著名な探検家 {*ニ／ニヨッテ} 発見された．
　　　b.　万有引力の法則はニュートン {*ニ／ニヨッテ} 発見された．

　われわれの分析では，受動文の主語に《存在者》要素が取り立てられる場合には，旧主語がニではなく，ニヨッテで標示される必要があることが理論的に導き出せる．このことから受動文の分析に関して，さらに帰結をいくつか導くことができる．1つは，《存在者》要素が主語になる場合にニヨッテが必要になるということは，逆に言えば，旧主語の《動作主》がニ格で現れるニ受動文の場合は，その主語は《場所》要素でなければならないということである．これが，Kuroda (1979) などが主張する「ニ受動文の受影性」の正体であると思われる．Kuroda など単一構造説に立つ研究者は，ニ受動文の受動動詞ラレが主文主語を項として選択し，その要素に「受影者」なりの意味役割を付与するため，主語は影響を受ける主体だけに制限されると説明するが，本論では，格付与にかかわる上記の制限が働くため，ニ受動文では，〈受取手〉〈経験者〉〈被動者〉など影響を被る主体である《場所》要素が主語に立つことになり，それが「ニ受動文には動作主による働きかけの意味がある」という，長年妥当とされてきた井上 (1976) の観察を生じさせる要因であると，説明されるのである．

　帰結の2つ目は，1つ目の帰結と密接に関係することであるが，対応する能動文に《動作主》要素が存在しない場合にどうなるかを考えてみる．《存在者》要素が主語に立つ場合にニヨッテが必要になるのは，旧主語の《動作主》を格以外の方策によって認可することが求められるからであったが，もし《動作主》自体が存在しないとどうなるかという問題である．ここでの考察の対象は，(58) の図式で表される (59)-(60) のような受動文である．

(58)

《存在者》ᵢ 《場所》 《存在者》ᵢ Ｖ ラレ

(59) a. 花子の家は高層ビルに囲まれている.　　　　　(= (23a))

　　 b. この商品は多くの人に親しまれている.　　　　(= (23b))

(60) a. ポリフェノールは，お茶に含有されています.　(= (24a))

　　 b. 20hz から 20khz までの音が，人間に知覚されます.（ = (24d)）

すでに本章 2 節でみたように，これらの受動文は「属性叙述受動文」および「定位のための受身表現」と呼ばれ，Kuroda（1979）の「ニ受動文の主語は受影要素に限られる」とする一般化に従わない事例である．これらの文に《動作主》要素は見当たらず，旧主語要素は「高層ビル」〈場所〉，「多くの人」〈経験者〉，「お茶」〈場所〉，「人間」〈経験者〉のように，いずれも《場所》成分として分析される．これに対して，主語に立っている要素は《存在者》である．したがって，(58) のような図式にまとめることができ，この図でみると分かるように，格付与は，まず主語に取り立てられた《存在者》要素にガ格が与えられ，次いで《存在者》要素のコピーにヲ格が与えられ，最後に《場所》の旧主語要素に非該当条件的なニ格が与えられる．このように，《動作主》要素がかかわらない場合は，「受影的」ではない《存在者》要素が主語に立つニ受動文が成立するのである．この事実を Kuroda（1979）なりの理論的枠組みで説明するのは，はなはだ困難であると思われるが，われわれの分析では，格付与を適格に行うことができるかどうかの観点から，「旧主語が《場所》要素の場合には，非受影的なニ受動文が成立する」という一般化を行うことができる.

　帰結の 3 つ目として，旧主語が《動作主》要素であり，《存在者》要素が主語に取り立てられた受動文は非文法的であるというのがここでの基本的な論点であるが，われわれのここまでの議論を踏まえると，そのような文であっても，文法的な文として解釈する可能性が実は残されていることに気が付く．その可能性とは，間接受動文として分析するという方策である．上記 (55)–(57) の文では，主語がいずれも非情物であるため，被害・迷惑の意味を伴う間接受動文の読みを施すことは難しいように思われるが，例えば

「あの町は日本軍に建設されたので，趣味が悪い」のように少しコンテクストを追加してやると，〈結果物〉が主語に取り立てられた間接受動文として成立するように思われる．主語が有生の場合であれば，被害・迷惑の意味を読み込むのは容易である．例えば，次のような事例である．

(61) a. 佐藤は，部長に人事課に廻された.
    b. 道子は，加藤さんに国に帰された.　　　　　　　（久野 (1983)）

「廻す」「帰す」という動詞の意味を考えると，主語の「佐藤」と「道子」が〈移動体〉であることは間違いない．《存在者》要素が主語に立っているにもかかわらず，旧主語の《動作主》要素がニで標示されている．これは，これらの文に伴う被害の意味から明らかなように，間接受動文と解されているからである．すなわち，(61a) は (62) のような構造をもつと分析される．この構造で，主語の「佐藤」は主文においては《場所》要素であり，埋め込み文の目的語の位置に生起している《存在者》要素としての pro と同一指示の関係をもっている．主語に繰り上がっているのが《場所》要素であるため，旧主語の「部長」には非該当条件的にニ格を振ることができる．このように，(61a) は文法的な間接受動文として解釈することができるのである．

(62)　佐藤$_i$ ガ [部長$_j$ ニ e$_i$ [PRO$_j$ 人事課に pro$_i$ 廻す] Ø (su)] rare

(61a, b) は久野 (1983) において，「部長が佐藤を人事課に廻した」などのように，対応する能動文が存在するという意味で直接受動文であるが，それにもかかわらず，被害・迷惑の意味を伴うことがあるとして引用された事例である．久野は，このように直接受動文でも被害解釈になることがあるので，直接受動文は中立の読みになり，間接受動文は被害の読みになるという規則的な関係はそもそも成り立たないとして，受動文の構造的な説明を放棄し，「被害受身」の意味の発生過程に関しては意味論的な説明を求めるという結論に至っている．これに対して，われわれは，仮に能動文が存在していても，《存在者》要素が主語に取り立てられる場合は単節のニ受動文は成立しないため，複節の間接受動文として分析され，被害・迷惑の意味を伴うことになると説明することができる．前節で示したように，間接受動文の被

害・迷惑の意味は，対応する能動文に内蔵されていると考えられ，間接受動文と被害・迷惑の意味はまさに1対1の関係にあると捉えられる．本論では，階層構造に基づく受動文の分析を提案しているが，意味役割モデルや依存格に拠る格付与方式などの道具立てを活用するわれわれの説明が経験的な事実をうまく捉えることができているとすれば，日本語受動文の構造的な分析には無理があるという久野（1983）の結論は，説得力を失うと思われる．

6. 韓国語の受動文

最後に，韓国語の受動文について簡単に触れておきたい．第2章でみたように，韓国語の短形使役文では，i, hi, ki, li, wu, kwu, chwu などの接辞が用いられるが，この中の最初の4つの接辞 i, hi, ki, li（i 系列）は受動接辞としての機能ももっている．したがって，例えば次の（63）の韓国語の文は使役の意味と受動の意味の両方をもちうるという．

(63) Swuni-ka   Minswu-eykey meli-lul   kkakk-i-ess-ta.
　　 Suni-NOM Minsu-DAT   hair-ACC cut-i-PST-DEC
　　 a.　スンニがミンスに髪を切らせた．
　　 b.　スンニがミンスに髪を切られた．

この事実は，本論の枠組みに当てはめて考えると，韓国語の i 系列の接辞は「他動詞化」の機能と「自動詞化」の機能を併せもっていると解釈される．日本語では，他動詞化をサセが，自動詞化をラレが分けて担っているので，他動詞化と自動詞化という相反する機能を併せもつというのは意外なことのように思われるかもしれないが，韓国語には，「項構造を変容させる」機能を担い，他動詞化と自動詞化を区別しない接辞が存在するということであり，とくに驚くべきことではないと考えられる．[16]

第2章の議論において，われわれは韓国語の短形使役（接辞使役）は単節

---

[16] 使役と受動の標示マーカーが同一である言語は韓国語の他にもいくつか存在し，エヴェンキ語（ツングース系），カラカルパク語（テュルク系），満州語などがそのような言語であるという報告が Park（1992）にある．

第 3 章　日本語受動文　　199

構造をもつことを確認した．日本語にみられる複節の使役文の構造は，短形
使役に限っていえば，韓国語には存在しない．この事実を受動文に当てはめ
て考えてみると，韓国語には複節の構造を有する間接受動文は存在しないこ
とが予測される．なぜなら，i 系列の接辞は動詞の項構造を他動詞化あるい
は自動詞化という方向で変容させるが，日本語の複節構造の生成に必要とさ
れる，音形をもたないゼロ動詞は韓国語には仮定できないと考えられるから
である．もし，ゼロ動詞が仮定できるとすれば，複節の使役文が可能なはず
であり，「花子が太郎に働かせた」タイプの文が韓国語でも生成できること
になるが，これは事実に反している．

　韓国語に間接受動文が存在しないことは，Washio（1995）および鷲尾
（1997）の研究において，すでに説得力のある形で報告されている．鷲尾は，
例えば（64a）の他動詞文に対応して，（64b）の直接受動文は形成すること
ができるが，（65a）の自動詞文に対応する受動文は不可能で，（65b）のよう
な文は不適格であると述べている．[17]

(64) a.　sensayngnim-i haksayng-ul　(son-ul)　　cap-ass-ta.
　　　　　teacher-NOM　student-ACC　(hand-ACC) catch-PST-DEC
　　　　　'The teacher caught the student (*or* his hand).'

　　 b.　haksayng-i　　sensayngnim-eykey (son-ul)
　　　　　student-NOM　teacher-DAT　　　　(hand-ACC)
　　　　　cap-hi-ess-ta.
　　　　　catch-hi-PST-DEC
　　　　　'The student was caught (by the hand) by the teacher.'

(65) a.　ai-ka　　　　wul-ess-ta.
　　　　　child-NOM　cry-PST-DEC
　　　　　'The child cried.'

---

[17] 韓国語は二重対格を許容する言語であるため，（64a）で son-ul 'hand-ACC' が生起し
ても容認性が下がることはない．また，（64b）で son-ul 'hand-ACC' が生起すれば，所有
受動文ということになるが，対応する能動文が存在するので，これも直接受動文とみなす
ことができる．

b. *haksayng-i   ai-eykey   wul-li-ess-ta.
student-NOM child-DAT cry-li-PST-DEC
'The child cried on the student.'

Washio (1995) および鷲尾 (1997) は，韓国語に間接受動文が存在しない事実，およびその点に関する日本語と韓国語の相違を説明するために，受動文に「関与受動」と「排除受動」の区別を設けることを提案した．「関与」とは，(64) のように「先生」の捕まえるという行為に「学生本人」ないし「学生の手」が直接的に関与している状況であり，「排除」とは，(65) のように「子供」の泣くという行為に「学生」が直接は関与していない状況を指す．これだけであれば，単に他動詞受動文と自動詞受動文の間の違いのように思われるが，「関与」と「排除」の区別が必要であることを示す決定的な事例として鷲尾が挙げるのは，(63) のような文における解釈に関する事実である．(63) の文は，使役と受動の両方の意味をもちうる文であることを観察したが，目的語の meli がスンニの髪を指すのであれば，受動の解釈が得られるが，もしこれがミンスの髪であると解釈されると，受動の読みはできず，使役の読みだけになってしまうという．この状況を整理すると，meli が主語であるスンニの髪を指す場合は，髪の所有者としてスンニが「切る」という行為に関与するので，「関与受動」ということになり，一方，meli がミンスの髪を指す場合は，スンニはミンスの「髪を切る」行為に関与しておらず，「排除受動」ということになる．鷲尾は，韓国語の受動可能性を決定しているのは，他動詞受動か自動詞受動かの違いではなく，この関与受動か排除受動かの対立であると主張した．もちろん韓国語では，関与受動のみが可能であるという主張となる．韓国語では，排除の状況を表す (63) の「ミンスの髪」の解釈を行う受動文や (65b) の自動詞に基づく受動文は認められないのである．他方，日本語では，「太郎が花子に髪を切られた」という受動文で，「髪」は「太郎」のものでもよいし，「太郎は長い髪が好きだったのに，花子に勝手に髪を切られてしまった」のような文脈で，「花子」の髪の解釈を行うこともできる．また，「太郎が子供に泣かれた」のような自動詞受動文も文法的であるので，鷲尾の主張をまとめると，日本語は関与と排

第3章　日本語受動文　　　　201

除の両方の状況で受動文が可能であるのに対して，韓国語は関与受動のみを
許容するという違いがあることになる．

　鷲尾による以上の説明は，日韓両言語の受動文をカバーする的を射た提案
となっているが，本章での議論を踏まえると，一部に不十分な点があること
が分かる．Washio（1995）および鷲尾（1997）では，主語と目的語が「所有
者」の関係にある所有受動文は「関与受動」とみなされるので，基本的に韓
国語では文法的になることが予測される．確かに（63）のような文は文法的
な受動文になるのであるが，所有受動文の形を備えながらも，受動文の解釈
をもてない文も観察される．それは，次のような文である．

(66) a. 　Swuni-ka　 Minswu-eykey ppang-ul　　 ssel-li-ess-ta.
　　　　　Suni-NOM Minsu-DAT　　 bread-ACC　cut-li-PST-DEC
　　　　　'Suni had Minsu cut the bread.'
　　　b. 　Swuni-ka　 Minswu-eykey ai-lul　　　 cap-hi-ess-ta.
　　　　　Suni-NOM Minsu-DAT　　 child-ACC　catch-hi-PST-DEC
　　　　　'Suni had Minsu catch the child.'

(66a, b) では，ppang がスンニのパン，ai がスンニの子供のように解釈し
たとしても，受動の解釈はなく，使役文としてのみ適格である．これらの文
で受動の解釈が得られないのは，「パンを切る」こととスンニを傷つけるこ
ととは別のことであり，「子供を捕まえた」としてもスンニを捕まえたこと
にならないからであると考えられる．ある意味で，主語のスンニは「排除」
されているのである．本章3節の最後に日本語の例で議論したように，単
節構造をもつ直接受動文の資格を得るためには，（40）に述べたように，《場
所》要素と《存在者》要素の両方が共に動詞の行為の対象となっていること
が必要である．鷲尾の主張にも，このような趣旨の条件を追加することが必
要になると思われる．

7.　まとめ

　本章では，日本語の受動文について考察した．まず，生成文法の枠組みの

下で 1960 年代から 90 年代にかけて論戦が繰り広げられた同一構造説と非同一構造説のそれぞれの主張を批判的に検討し，いずれにも問題点が残されていることを確認した．次いで，本論で仮定している依存格の考え方に基づく格付与規則と Kaga（2007）の意味役割モデルを踏まえた受動文の分析を提示した．受動のラレが「自動詞化」の機能をもつ v 主要部であると仮定すると，直接受動文は単節の構造の中で《場所》要素が繰り上がる文であるのに対して，間接受動文はゼロ行為動詞を含む複節の構造において《場所》要素が繰り上がる文であると分析される．この分析は，「他動詞化」の機能をもつサセを含み，やはり単節と複節の構造を有する使役文との相違と平行性を捉えているとともに，直接受動文と間接受動文を同一の操作で派生しつつ，間接受動文に複節構造を認めることで，両受動文の相違を捉えることも可能になっている．また，間接受動文がなぜ被害・迷惑の意味をもつのかという疑問に対しても，対応する能動文に被害性が内蔵されているという解答を提出した．さらに，ニ受動文とニヨッテ受動文については，《存在者》要素が主語に取り立てられる場合に格付与に起因する不都合な状況が生まれるため，独自に《動作主》を認可する能力をもつニヨッテが必要になることをみた．この考察により，従来から主張されていたニ受動文の「受影性」の正体が明らかになるとともに，《場所》要素が旧主語である場合には「受影性」をもたないニ受動文が形成されるという，より適切な事実観察に理論的な裏付けを与えることができることとなった．最後に，韓国語の受動文に触れ，韓国語に間接受動文が存在しないという事実に対して，短形（接辞）使役文が単節の構造をもつことと平行的に，接辞付加によって派生される受動文も複節の構造をもてないためであるとする説明を提示した．

参考文献

Akaso, Naoyuki（2009）"The overt V-raising to *v* in Japanese,"『名古屋学院大学論集』21, 1-11.

天野みどり（2001）「文の成立に関する言語直観――無生物主語の『に』受動文を例に――」『表現学部紀要』1, 55-65, 和光大学表現学部.

青柳宏（2006）『日本語の助詞と機能範疇』ひつじ書房, 東京.

Aoyagi, Hiroshi and Toru Ishii（1994）"On NPI Licensing in Japanese," *Japanese/Korean Linguistics* 4, 295-311, CSLI Publications, Stanford, CA.

Baker, Mark（1988）*Incorporation: A Theory of Grammatical Function Changing*, University of Chicago Press, Chicago.

Baker, Mark（2011）"Degrees of Nominalization: Clause-like Constituents in Sakha," *Lingua* 121, 1164-1193.

Baker, Mark（2012）"On the Relationship of Object Agreement and Accusative Case: Evidence from Amharic," *Linguistic Inquiry* 43, 255-274.

Baker, Mark（2013）"On Agreement and Its Relationship to Case: Some Generative Ideas and Results," *Lingua* 130, 14-32.

Baker, Mark（2014）"On Dependent Ergative Case（in Shipibo）and Its Derivation by Phase," *Linguistic Inquiry* 45, 341-379.

Baker, Mark（2015）*Case: Its Principles and Its Parameters*, Cambridge University Press, Cambridge.

Baker, Mark and Nadezhda Vinokurova（2010）"Two Modalities of Case Assignment in Sakha," *Natural Language and Linguistic Theory* 28, 593-642.

Baker, Mark, Ken Safir and Justine Sikuku（2012）"Sources of（A）symmetry in Bantu Double Object Constructions," *West Coast Conference on Formal Linguistics* 30, 54-64.

Bobaljik, Jonathan（2008）"Where's Phi? Agreement as a Post-Syntactic Operation," *Phi-Theory: Phi Features across Interfaces and Modules*, ed. by Daniel Harbour, David Adger and Susana Bejar, 295-328, Oxford University Press, Oxford.

Burzio, Luigi（1986）*Italian Syntax: A Government-Binding Approach*, Reidel, Dordrecht.

Carnie, Andrew（2006）*Syntax: A Minimalist Introduction*, 2nd ed., Blackwell,

204

Malden, MA.

Carrier, Jill and Janet Randall (1992) "The Argument Structure and Syntactic Structure of Resultatives," *Linguistic Inquiry* 23, 173-234.

蔡盛植 (2004)「意図性と因果関係に関する対照言語学的考察」博士論文, 筑波大学.

Chomsky, Noam (1981) *Lectures on Government and Binding: The Pisa Lectures*, Foris, Dordrecht.

Chomsky, Noam (1982) *Some Concepts and Consequences of the Theory of Government and Binding*, MIT Press, Cambridge, MA.

Chomsky, Noam (1986) *Barriers*, MIT Press, Cambridge, MA.

Chomsky, Noam (1995) *The Minimalist Program*, MIT Press, Cambridge, MA.

Chomsky, Noam (2000) "Minimalist Inquiries: The Framework," *Step by Step: Essays on Minimalist Syntax in Honor of Howard Lasnik*, ed. by Roger Martin, David Michaels and Juan Uriagereka, 89-155, MIT Press, Cambridge, MA.

Chomsky, Noam (2001) "Derivation by Phase," *Ken Hale: A Life in Language*, ed. by Michael Kenstowicz, 1-52, MIT Press, Cambridge, MA.

Chomsky, Noam (2008) "On Phases," *Foundational Issues in Linguistic Theory: Essays in Honor of Jean-Roger Vergnaud*, ed. by Robert Freidin, Carlos P. Otero and Maria Luisa Zubizarreta, 133-166, MIT Press, Cambridge, MA.

Dubinsky, Stanley (1985) *Japanese Union Constructions: A Unified Analysis of -Sase and -Rare*, Doctoral dissertation, Cornell University.

Dubinsky, Stanley (1994) "Predicate Union and the Syntax of Japanese Causatives," *Journal of Linguistics* 30, 43-79.

Farmer, Ann (1984) *Modularity in Syntax: A Study of Japanese and English*, MIT Press, Cambridge, MA.

Fiengo, Robert (1977) "On Trace Theory," *Linguistic Inquiry* 8, 35-61.

Fiengo, Robert and James Higginbotham (1981) "Opacity in NP," *Linguistic Analysis* 7, 347-373.

Fukui, Naoki. (1986) *A Theory of Category Projection and Its Application,* Doctoral dissertation, MIT.

Fukui, Naoki (1988) "Deriving the Differences between English and Japanese: A Case Study in Parametric Syntax," *English Linguistics* 5, 249-270.

Fukui, Naoki (1995) *Theory of Projection in Syntax*, Kurosio Publishers, Tokyo and CSLI Publications, Stanford, CA.

福井直樹 (2000)「Wh-疑問文の分析」『シンタクスと意味:原田信一言語学論文選集』, 福井直樹 (編), 817-830, 大修館書店, 東京.

Fukui, Naoki (2006) *Theoretical Comparative Syntax: Studies in Macroparameters*, Routledge, New York.

Fukui, Naoki and Hiromu Sakai (2003) "The Visibility Guideline for Functional

Categories: Verb Raising in Japanese and Related Issues," *Lingua* 113, 321–375.

Grimshaw, Jane and Armin Mester (1988) "Light Verbs and θ-marking," *Linguistic Inquiry* 19, 205–232.

Harada, Shin-ichi (1973) "Counter Equi NP Deletion," *Annual Bulletin of the Research Institute of Logopedics and Phoniatrics* 7, 113–147.

Harada, Shin-ichi (1975) "The Functional Uniqueness Principle," *Attempts in Linguistics and Literature* 2, 17–24, ICU.

Harley, Heidi (1995) *Subjects, Events, and Licensing*, Doctoral dissertation, MIT.

長谷川欣佑 (1964)「日本語文法試論」『言語文化』1, 3–46.

Hasegawa, Nobuko (1988) "Passives, Verb Raising, and the Affectedness Condition," *West Coast Conference of Formal Linguistics* 7, 99–113.

長谷川信子 (1990)「On the VP Internal Subject Hypothesis」『日本語教育国際シンポジウム報告書』, 249–254, 南山大学.

Hasegawa, Nobuko (1991) "On Head Movement in Japanese: The Case of Verbal Nouns," *Proceedings of SLS* 6, 8–33.

Hiraiwa, Ken (2005) *Dimensions of Symmetry in Syntax: Agreement and Clausal Architecture*, Doctoral dissertation, MIT.

Hiraiwa, Ken (2010) "Spelling out the Double-*o* Constraint," *Natural Language and Linguistic Theory* 28, 723–770.

Hoekstra, Teun (1988) "Small Clause Results," *Lingua* 74, 101–139.

Hoji, Hajime (1991) "Raising-to-Object, ECM and the Major Object in Japanese," Paper presented at *the Japanese Syntax Workshop*, University of Rochester.

Hoji, Hajime, Shigeru Miyagawa and Hiroaki Tada (1989) "NP-Movement in Japanese," ms., University of Southern California, Ohio State University and MIT.

Hoshi, Hiroto (1991) "The Generalized Projection Principle and Its Implications for Passive Constructions," *Journal of Japanese Linguistics* 13, 53–89.

Hoshi, Hiroto (1994) "Theta Role Assignment, Passivization, and Excorporation," *Journal of East Asian Linguistics* 3, 147–178.

Hoshi, Hiroto (1999) "Passives," *The Handbook of Japanese Linguistics*, ed. by Natsuko Tsujimura, 191–235, Blackwell, Oxford.

Howard, Irwin and Agnes Niyekawa-Howard (1976) "Passivization," *Japanese Generative Grammar: Syntax and Semantics* 5, ed. by Shibatani Masayoshi, 201–237, Academic Press, New York.

池上嘉彦 (1981)『「する」と「なる」の言語学』大修館書店, 東京.

井上和子 (1976)『変形文法と日本語 (上・下)』大修館書店, 東京.

石田尊 (2003)「日本語ニ格受動文の統論論的分析」博士論文, 筑波大学.

Ishii, Toru (1997) *An Asymmetry in the Composition of Phrase Structure and Its*

Consequences, Doctoral dissertation, University of California, Irvine.

Jacobsen, Wesley (1991) *The Transitive Structure of Events in Japanese,* Kurosio Publishers, Tokyo.

Jaeggli, Osvaldo (1986) "Passive," *Linguistic Inquiry* 17, 587-622.

加賀信広 (1993)「形式動詞「する」と文法項の転送現象」『言語文化論集』37号, 159-178, 筑波大学現代語・現代文化学系.

加賀信広 (2001)「意味役割と英語の構文」『語の意味と意味役割』(英語学モノグラフシリーズ第17巻), 87-181, 研究社, 東京.

Kaga, Nobuhiro (2007) *Thematic Structure: A Theory of Argument Linking and Comparative Syntax,* Kaitakusha, Tokyo.

加賀信広 (2007)「結果構文と類型論パラメータ」『結果構文研究の新視点』, 小野尚之 (編), 177-215, ひつじ書房, 東京.

加賀信広 (2017)「日本語ニ受動文における受影性の起源 ── 意味役割理論と格配列理論からの帰結 ──」*JELS* 34, 56-62.

影山太郎 (1993)『文法と語形成』ひつじ書房, 東京.

Kageyama, Taro (1991) "Light Verb Constructions and the Syntax-Morphology Interface," *Current English Linguistics in Japan,* ed. by Heizo Nakajima, 169–203, Mouton de Gruyter, Berlin.

Kaneko, Yoshiaki (1988) "On Exceptional Case-Marking in Japanese and English," *English Linguistics* 5, 271-289.

Kato, Yasuhiko (1985) *Negative Sentences in Japanese, Sophia Linguistica* XIX.

川村大 (2012)『ラル形述語文の研究』くろしお出版, 東京.

金水敏 (1991)「受動文の歴史についての一考察」『国語学』164, 1-14.

Kishimoto, Hideki (2001) "Binding of Indeterminate Pronouns and Clause Structure in Japanese," *Linguistic Inquiry* 32, 597-633.

Kishimoto, Hideki (2004) "Transitivity of Ergative Case-Marking Predicates in Japanese," *Studies in Language* 28(1), 105-136.

岸本秀樹 (2005)『統語構造と文法関係』くろしお出版, 東京.

Kishimoto, Hideki(2007) "Negative Scope and Head Raising in Japanese," *Lingua* 117(1), 247-288.

Kishimoto, Hideki (2008) "On the Variability of Negative Scope in Japanese," *Journal of Linguistics* 44(2), 379-435.

Kishimoto, Hideki (2009) "Topic Prominency in Japanese," *The Linguistic Review* 26, 465-513.

Kishimoto, Hideki (2010) "Subjects and Constituent Structure in Japanese," *Linguistics* 48, 629-670.

Kishimoto, Hideki (2012) "Subject Honorification and the Position of Subjects in Japanese," *Journal of East Asian Linguistics* 21, 1-41.

Kishimoto, Hideki (2013a) "Covert Possessor Raising in Japanese," *Natural Language & Linguistic Theory* 31(1), 161–205.

Kishimoto, Hideki (2013b) "Notes on Correlative Coordination in Japanese," *Deep Insights, Broad Perspectives: Essays in Honor of Mamoru Saito*, ed. by Yoichi Miyamoto, Daiko Takahashi, Hideki Maki, Masao Ochi, Koji Sugisaki and Asako Uchibori, 192–217, Kaitakusha, Tokyo.

Kishimoto, Hideki (2014) "Dative/Genitive Subjects in Japanese: A Comparative Perspective," *Japanese Syntax in Comparative Perspective*, ed. by Mamoru Saito, 228–274, Oxford University Press, New York.

岸本秀樹 (2016)「文の構造と格関係」『日本語文法ハンドブック――言語理論と言語獲得の観点から――』, 村杉恵子・斎藤衛・宮本陽一・瀧田健介（編）, 102–145, 開拓社, 東京.

Kishimoto, Hideki (2016) "Valency and Case Alternations in Japanese," *Transitivity and Valency Alternations: Studies on Japanese and Beyond*, ed by Taro Kageyama and Wesley Jacobsen, 125–154, De Gruyter Mouton, Berlin.

Kishimoto, Hideki (2017) "Negative Polarity, A-Movement, and Clause Architecture in Japanese," *Journal of East Asian Linguistics* 17, 109–161.

Kishismoto, Hideki (2018) "Projection of Negative Scope in Japanese,"『言語研究』153, 5–39.

Kishimoto, Hideki and Satoshi Uehara (2016) "Lexical Categories," *Handbook of Japanese Lexicon and Word Formation*, ed. by Taro Kageyama and Hideki Kishimoto, 51–92, De Gruyter Mouton, Berlin.

Kitagawa, Chisato (1980) "Review of *Problems in Japanese Syntax and Semantics*," *Language* 56, 435–440.

Kitagawa, Yoshihisa (1986) *Subjects in Japanese and English*, Doctoral dissertation, University of Massachusetts, Amherst.

Kitagawa, Yoshihisa and Sige-Yuki Kuroda (1992) "Passive in Japanese," ms., University of Rochester and University of California, San Diego.

北原保雄 (1981)『日本語助動詞の研究』大修館書店, 東京.

Kubo, Miori (1990) "Japanese Passives," ms., MIT.

久野暲 (1973)『日本文法研究』大修館書店, 東京.

Kuno, Susumu (1973) *The Structure of the Japanese Language*, MIT Press, Cambridge, MA.

Kuno, Susumu (1976) "Subject Raising," *Japanese Generative Grammar: Syntax and Semantics* 5, ed. by Shibatani Masayoshi, 17–49, Academic Press, New York.

Kuno, Susumu (1978) "Theoretical Perspectives on Japanese Linguistics," *Problems in Japanese Syntax and Semantics*, ed. by John Hinds and Irwin Howard,

213-285, Kaitakusha, Tokyo.

久野暲 (1983)『新日本文法研究』大修館書店，東京.

栗原由加 (2005)「定位のための受身表現 ── 非情物主語のニ受身文の一類型 ──」『日本語文法』5(2), 180-195.

Kuroda, Sige-Yuki (1965a) "Causative Forms in Japanese," *Foundations of Language* 1, 30-50.

Kuroda, Sige-Yuki (1965b) *Generative Grammatical Studies in the Japanese Language*, Doctoral dissertation, MIT.

Kuroda, Sige-Yuki (1978) "Case Marking, Canonical Sentence Patterns, and Counter Equi in Japanese, *Problems in Japanese Syntax and Semantics*, ed. by John Hinds and Irwin Howard, 30-51, Kaitakusha, Tokyo.

Kuroda, Sige-Yuki (1979) "On Japanese Passives," *Explorations in Linguistics: Papers in Honor of Kazuko Inoue*, ed. by George Bedell, Eiichi Kobayashi and Masatake Muraki, 305-347, Kenkyusha, Tokyo.

Kuroda Sige-Yuki (1983) "What Can Japanese Say about Government and Binding?" *West Coast Conference on Formal Linguistics* 2, 153-164.

Kuroda, Sige-Yuki (1988) "Whether We Agree or Not: A Comparative Syntax of English and Japanese," *Linguisticae Investigationes* 12, 1-47.

黒田成幸 (1999)「トコロ節」『ことばの核と周縁：日本語と英語の間』，黒田成幸・中村捷 (編)，105-162，くろしお出版，東京.

Laka, Itziar (1994) *On Syntax of Negation*, Routledge, London.

Landau, Idan (2010) *The Locative Syntax of Experiencers*, MIT Press, Cambridge, MA.

Larson, Richard (1988) "On the Double Object Construction," *Linguistic Inquiry* 19, 335-391.

Lasnik, Howard and Mamoru Saito (1991) "On the Subject Infinitives," *CLS* 27, 324-343.

Lee, Keedong (1975) "Lexical Causatives in Korean," *Language Research* 11, 17-24.

Marantz, Alec (1991) "Case and Licensing," *Proceedings of The 8th Eastern States Conference on Linguistics*, 234-253, University of Maryland.

益岡隆志 (1982)「日本語受動文の意味分析」『言語研究』82, 48-64.

益岡隆志 (1991)「受動表現と主観性」『日本語のヴォイスと他動性』，仁田義雄 (編)，105-121，くろしお出版，東京.

Matsumoto, Yo (1996) *Complex Predicates in Japanese: A Syntactic and Semantic Study of the Notion 'Word'*, Kurosio Publishers, Tokyo and CSLI Publications, Stanford.

May, Robert (1985) *Logical Form: Its Structure and Derivation*, MIT Press, Cambridge, MA.

McCawley, Noriko Akatsuka (1972) "On the Treatment of Japanese Passives," *CLS* 8, 256-270.

McFadden, Thomas (2004) *The Position of Morphological Case in the Derivation*, Doctoral dissertation, University of Pennsylvania.

Miyagawa, Shigeru (1989a) *Syntax and Semantics* 22: *Structure and Case Marking in Japanese*, Academic Press, San Diego, CA.

Miyagawa, Shigeru (1989b) "Light Verbs and the Ergative Hypothesis," *Linguistic Inquiry* 20, 659-688.

Miyagawa, Shigeru (1999) "Causatives," *The Handbook of Japanese Linguistics*, ed. by Natsuko Tsujimura, 236-268, Blackwell, Oxford.

Miyagawa, Shigeru (2011) "Genitive Subjects in Altaic and Specification of Phase," *Lingua* 121, 1265-1282.

Miyagawa, Shigeru (2013) "Strong Uniformity and *Ga/No* Conversion," *English Linguistics* 30, 1-24.

宮腰幸一 (2014a)「受動文の受害性の起源について」『日本語文法』14(1), 54-70.

宮腰幸一 (2014b)「日本語ヴォイスの統合的・系列的多重構造：予備的考察」『論叢現代語・現代文化』12 号, 1-85, 筑波大学.

Miyamoto, Tadao (1999) *The Light Verb Construction in Japanese: The Role of the Verbal Noun*, John Benjamins, Amsterdam.

Miyamoto, Tadao and Hideki Kishimoto (2016) "Light Verb Constructions with Verbal Nouns," *Handbook of Japanese Lexicon and Word Formation,* ed. by Taro Kageyama and Hideki Kishimoto, 425-458, De Gruyter Mouton, Berlin.

Nakamura, Wataru (1999) "An Optimality-Theoretic Account of the Japanese Case System," *Studies in Language* 23, 597-649.

Nakau, Minoru (1973) *Sentential Complementation in Japanese*, Kaitakusha, Tokyo.

西山國雄 (2000)「自他交替と形態論」『日英語の自他の交替』, 丸田忠雄・須賀一好 (編), 145-165, ひつじ書房, 東京.

Ogawa, Yoshiki (2007) "C-to-V Incorporation and Subject Raising Across CP-boundary," *English Linguistics* 24, 33-66.

小野尚之 (編) (2007)『結果構文研究の新視点』ひつじ書房, 東京.

Oshima, Shin (1979) "Conditions on Rules: Anaphora in Japanese," *Explorations in Lingustics: Papers in Honor of Kazuko Inoue*, ed. by George Bedell, Eiichi Kobayashi and Masatake Muraki, 423-448, Kenkyusha, Tokyo.

Park, Jeong Woon (1992) "The Korean Morphological Causative and Passive," *Korea Journal* 32, 44-59.

Poser, William (2002) "The Double-*o* Constraint in Japanese," ms., University of

Pennsylvania.

Postal, Paul (1974) *On Raising: One Rule of English Grammar and Its Theoretical Implications*, MIT Press, Cambridge, MA.

Reinhart, Tanya and Eric Reuland (1993) "Reflexivity," *Linguistic Inquiry* 24, 657-720.

Rizzi, Luigi (1997) "The Fine Structure of the Left Periphery," *Elements of Grammar: Handbook of Generative Syntax*, ed. by Liliane Haegeman, 281-337, Kluwer, Dordrecht.

Rizzi, Luigi (2004) "On the Cartography of Syntactic Structures," *The Structure of CP and IP: The Cartography of Syntactic Structures: Volume 2*, ed. by Luigi Rizzi, 3-15, Oxford University Press, Oxford.

Saito, Mamoru (1982) "Case Marking in Japanese: A Preliminary Study," ms., MIT.

Saito, Mamoru (1985) *Some Asymmetries in Japanese and Their Theoretical Implications*, Doctoral dissertation, MIT.

Saito, Mamoru (1989) "Scrambling as Semantically Vacuous A'-Movement," *Alternative Conceptions of Phrase Structure*, ed. by Mark Baltin and Anthony Kroch, 182-200, University of Chicago Press, Chicago.

Saito, Mamoru and Hiroto Hoshi (2000) "The Japanese Light Verb Construction and the Minimalist Program," *Step by Step: Essays on Minimalist Syntax in Honor of Howard Lasnik*, ed. by Roger Martin, David Michael and Juan Uriagereka, 261-295, MIT Press, Cambridge, MA.

Sakai, Hiromu (1998) "Raising Asymmetries and Improper Movement," *Japanese and Korean Linguistics* 7, 481-497.

笹栗淳子 (1999)「名詞句のモダリティとしてのコト――「Nのコト」と述語の相関から――」『言語学と日本語教育――実用的言語理論の構築を目指して――』, アラム佐々木幸子 (編), 161-176, くろしお出版, 東京.

Sells, Peter (1987) "Aspects of Logophoricity," *Linguistic Inquiry* 18, 445-479.

Shibata, Yoshiyuki (2015) "Negative Structure and Object Movement in Japanese," *Journal of East Asian Linguistics* 24, 217-269.

Shibatani, Masayoshi (1973a) "Semantics of Japanese Causativization," *Foundations of Language* 9, 327-373.

Shibatani, Masayoshi (1973b) "Lexical versus Periphrastic Causatives in Korean," *Journal of Linguistics* 9, 209-383.

Shibatani, Masayoshi (1976) "Causativization," *Syntax and Semantics 5: Japanese Generative Grammar*, ed. by Masayoshi Shibatani, 239-294, Academic Press, New York.

柴谷方良 (1978)『日本語の分析』大修館書店, 東京.

Shibatani, Masayoshi (1990) *The Languages of Japan*, Cambridge University Press, Cambridge.

柴谷方良 (2000)「第3章ヴォイス」『日本語の文法1 文の骨格』, 仁田義雄・村木新次郎・柴谷方良・矢澤真人 (著), 119-186, 岩波書店, 東京.

Shibatani, Masayoshi and Sung Yeo Chung (2001) "Japanese and Korean Causatives Revisited," *Kobe Papers in Linguistics* 3, 112-136, Kobe University.

Snyder, William (2001) "On the Nature of Syntactic Variation: Evidence from Complex Predicates and Complex Word-Formation," *Language* 77, 324-342.

Song, Seok Choong (1980) "Perception or Reality? Korean Causatives Reexamined," *Korean Linguistics* 2, 33-65.

Sportiche, Dominique (1988) "A Theory of Floating Quantifiers and Its Corollaries for Constituent Structure," *Linguistic Inquiry* 19, 425-449.

杉本武 (2000)「「に」受動文と受影性」『筑波大学学内プロジェクト (A) 研究報告書 東アジア言語文化の総合的研究』, 23-37, 筑波大学.

砂川有里子 (1984)「＜に受身文＞ と ＜によって受身文＞」『日本語学』3(7), 76-87.

Taguchi, Shigeki (2015) *Syntactic Operations on Heads and Their Theoretical Implications*, Doctoral dissertation, University of Connecticut, Storrs.

Takano, Yuji (2003) "Nominative Objects in Japanese Complex Predicate Constructions: A Prolepsis Analysis," *Natural Language & Linguistic Theory* 21, 779-834.

Takano, Yuji (2004) "On the Syntactic Structure of Japanese Accusative Causatives," *Tsukuba English Studies* 22, 295-310.

Takeuchi, Hajime (2010) "Exceptional Case Marking in Japanese and Optional Feature Transmission," *Nanzan Linguistics* 6, 101-128.

Takezawa, Koichi (1987) *A Configurational Approach to Case Marking in Japanese*, Doctoral dissertation, University of Washington.

竹沢幸一 (1998)「第I部 格の役割と構造」『格と語順と統語構造』(日英語比較選書 9), 中右実 (編), 1-102, 研究社出版, 東京.

Tanaka, Hidekazu (2002) "Raising to Object out of CP," *Linguistic Inquiry* 33, 637-652.

田野村忠温 (1988)「「部屋を掃除する」と「部屋の掃除をする」」『日本語学』7(11), 70-80.

Terada, Michiko (1990) *Incorporation and Argument Structure in Japanese,* Doctoral dissertation, University of Massachusetts, Amherst.

寺村秀夫 (1982)『日本語のシンタクスと意味I』くろしお出版, 東京.

Tonoike, Shigeo (1978) "On the Causative Constructions in Japanese," *Problems in Japanese Syntax and Semantics*, ed. by John Hinds and Irwin Howard, 3-29,

Kaitakusha, Tokyo.

Tsujimura, Natsuko (1990) "Ergativity of Nouns and Case Assignment," *Linguistic Inquiry* 21, 277–287.

塚本秀樹 (1997)「語彙的な語形成と統語的な語形成 —— 日本語と朝鮮語の対照研究」『日本語と外国語の対照研究 IV：日本語と朝鮮語　下巻』, 国立国語研究所 (編), 191–212, くろしお出版, 東京.

Uchida, Yoshiko and Mineharu Nakayama (1993) "Japanese Verbal Noun Constructions," *Linguistics* 31, 623–666.

和栗夏海 (2005)「属性叙述受動文の本質」『日本語文法』5(2), 161–179.

Washio, Ryuichi (1995) *Interpreting Voice: A Case Study in Lexical Semantics*, Kaitakusha, Tokyo.

鷲尾龍一 (1997)「比較文法論の試み —— ヴォイスの問題を中心に ——」『ヴォイスに関する比較言語学的研究』, 筑波大学現代言語学研究会 (編), 1–66, 三修社, 東京.

鷲尾龍一 (2002)「使動法論議再考」『事象と言語形式』, 筑波大学現代言語学研究会 (編), 1–66, 三修社, 東京.

Watanabe, Akira (1996) "Nominative-Genitive Conversion and Agreement in Japanese: A Cross-Linguistic Perspective," *Journal of East Asian Linguistics* 5, 373–410.

Woolford, Ellen (2006) "Lexical Case, Inherent Case, and Argument Structure," *Linguistic Inquiry* 37, 111–130.

Yang, In Seok (1974) "Two Causative Forms in Korean," *Language Research* 10, 83–117.

辻子美保子 (2014)「格と併合」『言語の設計・発達・進化』, 藤田耕司・福井直樹・遊佐典昭・池内正幸 (編), 66–96, 開拓社, 東京.

索　引

1. 日本語は五十音順に並べてある．英語（などで始まるもの）は
   アルファベット順で，最後に一括してある．
2. 数字はページ数を示し，n は脚注を表す．

［あ行］

意味役割　74-76, 76n, 77-86, 86n, 87,
　90, 98, 100, 101, 111, 116, 119, 123,
　126, 135, 140, 149, 159, 168, 170, 171,
　175, 177, 182, 190, 191, 195

［か行］

格
　形態格（morphological case）　4,
　　110-112, 119
　語彙格（lexical case）　115, 116, 118,
　　119, 137
　構造格（structural Case）　4, 94, 95,
　　112, 135n
　固有格（lexically governed case）
　　111, 113, 116, 119
　抽象格（abstract Case）　4, 110, 112
　デフォルト格（default case）　111,
　　119
　内在格（inherent Case）　4n, 115, 116,
　　118, 119, 135n, 137, 143, 181, 186,
　　187n
　無標の格（unmarked case）　111
格フィルター（Case filter）　4-6, 17
格付与規則　2, 112, 115n, 135, 137, 141,
　143, 181, 202

関係節　102-104
関係節化　80, 86n, 89, 90, 99
擬似分裂化　89
擬似分裂文　53, 192
機能語　35, 36, 38, 39
逆同一名詞句削除（counter EQUI NP
　deletion）　128
句排除制約（no phrase constraint）　94,
　95
形式名詞　60, 61, 71, 72
形式動詞「する」　138
形容詞述語　33-35, 35n, 36, 38
現実世界と言語世界　156
項構造　72n, 74, 74n, 75-78, 78n, 79, 87,
　99, 135, 139, 198, 199
項削除（argument ellipsis）　79, 86
項重複（argument doubling）　79, 86
項上昇（argument raising）　65, 74, 77,
　79-85, 87, 90, 96, 98-101
コントロール構文　23-25, 28-30, 46, 50

［さ行］

再帰代名詞化　31
再帰代名詞「自分」　11n, 31, 150, 151,
　161n, 171, 189, 190
作用域　21-23, 25-28, 33-37, 39, 48, 49,
　54, 58, 59, 160

213

使役
　強制使役　127n, 131n, 137n
　許容使役　127n, 131n
　指示使役　136n
　全能使役 (omnipotent causative)
　　157
　操作使役　136n
　短形使役　152-158, 163, 198
自己制御 (性) (self-control)　129, 131,
　132, 145, 147, 149
自動詞化　122, 179, 181, 183, 184, 191,
　198, 199, 202
斜格主語　32, 33n, 66n
受影者 (affectee)　170, 171, 173, 177,
　178, 195
受害者　190-192
主語尊敬語化　31, 68, 69, 69n, 70
主語化 (subjectivization)　65-67, 85
主語指向性　28-31, 71, 107, 150, 153,
　160, 169, 189
主題役付与均一性仮説 (Uniformity of
　theta assignment hypothesis)　123,
　126
受動化　1, 54-56, 61, 62, 64, 107, 181
受動文
　受影受動文　177, 178
　所有受動文　166-168, 186-188, 201
　属性叙述受動文　177-179, 196
　ニヨッテ受動文　167, 170, 175, 202
主要部移動　22, 35-39
主要部移動制約 (head movement
　constraint)　94
上昇構文　23-25, 28, 30, 68-71
小節 (small clause)　15, 36, 38, 39, 45n,
　161
所有者尊敬語化 (possessor
　honorification)　68-70
身体名詞　66, 67, 70

スクランブリング　52, 54-56, 56n, 62,
　64, 80, 86n, 88-90, 107, 112, 114n, 143,
　143n, 146, 147
ゼロ (の行為) 動詞　139, 141-144, 147,
　148, 163, 184, 185, 187, 189, 199, 202
「そう」の置き換え　45-48, 55, 56, 59
存在文　37-39

[た行]

大主語 (major subject)　65, 66, 84, 85
題目化　53, 57, 58, 80, 86n, 89, 90, 99,
　105, 107
大目的語構文 (major object
　construction)　41-43, 47, 49, 60, 61
多重主語構文　84, 114n
他動詞化　122, 135-139, 141, 163, 179,
　183, 198, 199, 202
単節の構造　137, 141, 145-147, 163,
　189, 202
定位のための受身表現　179, 196
適正束縛条件 (proper binding
　condition)　42-44, 62-64, 79-81, 86,
　86n, 89, 90
等位接続構文　57, 58, 105, 108
同一名詞句削除 (EQUI NP deletion)
　13, 127, 130, 138
動作主主語　75-77, 79, 86, 87, 89
動詞句内主語仮説 (VP-internal subject
　hypothesis)　8, 20, 21, 116
動詞述語　21, 33, 34
特定性条件 (specificity condition)　79,
　83, 84, 86, 86n, 91, 92, 95, 99, 100

[な行]

二重「を」格制約　88, 92-94, 94n, 95-
　97, 130, 133, 135, 143, 186

[は行]

非該当条件（的規則）（elsewhere condition）　115n, 116, 118, 119, 137, 140, 141, 183, 185, 193, 194, 196, 197
非対格動詞　26, 27, 76, 182n
否定辞移動　33, 35
非動作主主語　75-77, 78n, 79, 97-101
非能格動詞　26, 27, 182n
描写述語　28, 30
複節の構造　141, 142, 146, 147, 189, 190, 199, 202
ブルジオの一般化（Burzio's generalization）　98
文イディオム　23, 24
補語　33, 34, 34n
補助動詞構文　23, 24
補文標識（complementizer）　7, 8, 15, 44, 45, 48-54

[ま行]

未確定代名詞束縛（indeterminate pronoun binding）　41, 47-52, 54-56, 96
無生物主語　23, 24, 63, 64

名詞述語　58, 67, 68

[や行]

有生名詞　60, 61, 63
有生性条件（animacy condition）　63, 64
遊離数量詞　26, 28-30

[ら行]

例外的格標示構文（exceptional Case marking construction）　7, 15, 16, 40
論理形式（logical form）　126, 160
論理構造（logical form）　52, 72, 94-97

[英語]

A-移動　41, 45, 47, 52, 54-56, 59, 61-63, 107, 108, 172n
EPP 素性　10, 32, 59, 108
EPP の要請　32, 34
Jacobsen の一般化　121
SOV 言語　20
SVO 言語　20

【著者紹介】

加賀 信広（かが のぶひろ）
筑波大学大学院博士課程文芸・言語研究科単位取得退学（博士（言語学），筑波大学）．現在，筑波大学名誉教授．専門分野は，統語論．
主要業績：*Thematic Structure: A Theory of Argument Linking and Comparative Syntax* (Kaitakusha, 2007)，"Japanese Double Nominative Constructions Revisited"（『日本學報』113 輯，2017），「日本語の「を」使役と「に」使役をめぐって──依存格システムと「する」の潜在──」（『構文形式と語彙情報』，岸本秀樹・臼杵岳・于一楽（編），開拓社，2023），など．

岸本 秀樹（きしもと ひでき）
神戸大学大学院文化学研究科修了（学術博士）．現在，神戸大学大学院人文学研究科教授．専門分野は，統語論，語彙意味論．
主要業績：*Handbook of Japanese Lexicon and Word Formation*（共編著，De Gruyter Mouton, 2016），"Syntactic Verb-verb Compounds in Japanese"（*Verb-Verb Complexes in Asian Languages*, ed. by Taro Kageyama, Peter Hook and Prashant Pardeshi, Oxford University Press, 2021），"ECM Subjects in Japanese"（*Journal of East Asian Linguistics* 30, 2021），*Polarity-Sensitive Expressions: Comparisons Between Japanese and Other Languages*（共編著，De Gruyter Mouton, 2023），など．

【監修者紹介】

加賀信広（かが　のぶひろ）　　筑波大学 名誉教授

西岡宣明（にしおか　のぶあき）　九州大学 教授

野村益寛（のむら　ますひろ）　　北海道大学 教授

岡崎正男（おかざき　まさお）　　茨城大学 教授

岡田禎之（おかだ　さだゆき）　　関西外国語大学 教授

田中智之（たなか　ともゆき）　　名古屋大学 教授

最新英語学・言語学シリーズ　第 3 巻

文の構造と格付与
(*Sentence Structure and Case Assignment*)

監修者	加賀信広・西岡宣明・野村益寛
	岡崎正男・岡田禎之・田中智之
著作者	加賀信広・岸本秀樹
発行者	武村哲司
印刷所	日之出印刷株式会社

2024 年 9 月 24 日　第 1 版第 1 刷発行©

発行所　　株式会社　開 拓 社

〒 112-0003 東京都文京区春日 2-13-1
電話　(03) 6801-5651（代表）
振替　00160-8-39587
https://www.kaitakusha.co.jp

ISBN978-4-7589-1403-1　C3380

JCOPY ＜出版者著作権管理機構 委託出版物＞

本書の無断複製は，著作権法上での例外を除き禁じられています．複製される場合は，そのつど事前に，出版者著作権管理機構（電話 03-5244-5088, FAX 03-5244-5089, e-mail: info@jcopy.or.jp）の許諾を得てください．